Auf die Schnelle

Die besten
Windows Vista
Tipps & Tricks

Wolfram Gieseke

D1678143

DATA BECKER

Copyright	© DATA BECKER GmbH & Co. KG Merowingerstr. 30 40223 Düsseldorf
E-Mail	buch@databecker.de
Reihenkonzeption	Peter Meisner
Produktmanagement	Peter Meisner
Umschlaggestaltung	Inhouse-Agentur DATA BECKER
Textmanagement	Jutta Brunemann
Layout	Jana Scheve
Textbearbeitung und Gestaltung	Astrid Stähr, André Montag
Produktionsleitung	Claudia Lötschert
Druck	fgb • freiburger graphische betriebe (www.fgb.de)

ISBN 978-3-8158-1698-1

Wichtiger Hinweis

Inhalt

1. Das Umsteiger-Einmaleins: So retten Sie Ihre Daten und Einstellungen von Windows XP zu Vista 11

Behutsamer Wechsel: Vista parallel zu Windows XP installieren 11

Übertragen Sie Ihre gespeicherten E-Mails von Outlook Express nach Windows Mail 15

E-Mail-Konten ganz einfach von Windows XP nach Vista transferieren 17

Machen Sie aus dem alten XP-Adressbuch Ihre neuen Vista-Kontakte 19

Alle Webfavoriten vom alten Internet Explorer ins neue System übernehmen 21

Auch ohne Upgrade: So übertragen Sie Ihr komplettes XP-Benutzerkonto zu Vista 23

2. Schnell und schlank: Optimieren Sie die Vista-Performance und beseitigen Sie unnötige Leistungsbremsen 26

Den PC in Sekunden aus dem Ruhezustand hochfahren 26

ReadyBoost: Beschleunigen Sie Vista mit einem simplen USB-Stick 27

Vista gibt Ihnen individuelle Tipps zur Steigerung der Systemperformance 30

Vista zu träge? – Verzichten Sie auf unnötigen Grafik-Schnickschnack 31

Leistungseinbrüche durch optimierten Auslagerungsspeicher vermeiden 35

Mehr freien Speicher durch Verzicht auf unnötige
Vista-Komponenten 38

Zweifelhafte Leistungsbremsen: Misten Sie bei den
Autostartprogrammen aus 40

AutoLogin: So melden Sie sich bei Vista automatisch
als Benutzer an 41

Ordner im Windows-Explorer schneller anzeigen lassen 43

Eine Anwendung mittels höherer Priorität schneller
laufen lassen 44

3. Startmenü, Desktop & Taskleiste: So arbeiten Sie noch schneller und effektiver mit Vista ... 46

Rekordverdächtig: Fahren Sie Vista mit zwei Mausklicks
herunter 46

Ohne Umweg: im Startmenü direkt die einzelnen Module
der Systemsteuerung aufrufen 48

Machen Sie die wichtigsten Programme immer gleich
oben im Startmenü verfügbar 49

Jedes Programm und Dokument ruck, zuck im
Startmenü abrufen 50

Zusätzliche Zeitzonen im Infobereich anzeigen 52

Platzieren Sie Gadgets aus der Sidebar beliebig auf
dem Bildschirm 54

Gadgets aus dem Netz manuell installieren 55

Die lästige Passwortabfrage nach dem Bildschirmschoner
abschalten 56

Die klassischen Darstellungsoptionen von XP verstecken
sich auch noch in Vista 58

Ihre persönliche Diashow als Bildschirmschoner 58

Beliebige Windows-Anwendungen per Sprache steuern 60

Die nützlichsten Tastenkombinationen für
Desktop & Startmenü 61

4. Kompatibilitätsprobleme? – Nutzen Sie Ihre Hard- und Software auch unter Vista problemlos 64

Hardware unter Vista mit den XP-Treibern weiterverwenden   64

Hardware-Troubleshooting: So zeigt der
Geräte-Manager wirklich alle Komponenten an 66

Ressourcenkonflikte bei Hardwarekomponenten auflösen ...   67

Der PC zickt mit der neuen Treibersoftware? –
Holen Sie sich die funktionierende Konfiguration per
Rollback zurück 68

Vista-Treiber automatisch per Update beziehen
und installieren 69

Probleme mit der Stromversorgung am USB-Anschluss 70

Programme trotz Kompatibilitätsproblemen unter
Vista ausführen 71

So vertragen sich auch ältere Programme mit der neuen
Vista-Oberfläche 72

Lassen Sie Ihre Programme wie unter Windows XP laufen 73

Bei Problemen mit der Benutzerkontensteuerung:
Lassen Sie Programme mit Administratorrechten
ausführen 74

Anwendungen bei Zugriffsproblemen automatisch immer
mit Administratorrechten ausführen 75

Installierte Anwendungen automatisch reparieren 76

Spieleprobleme mithilfe des DirectX-Protokolls lösen 77

So wird bei mehr als einem Gamecontroller immer
der richtige ausgewählt 78

Spielspaß ohne Hörsturz: Legen Sie für jedes Programm
einen individuellen Lautstärkepegel fest 79

5. Herr der Datenberge: smartes Dateimanagement mit Windows-Explorer und dem Vista-Suchindex ... 81

Böse Falle: verräterische Dateiinformationen aus
Dokumenten entfernen 81

Mehr Infos, mehr Platz: Passen Sie die Größe des
Detailbereichs Ihrem Informationsbedarf an 83

Retrolook: die vertraute Menüleiste des
Windows-Explorer zurückholen 84

Explorer de Luxe: Dateien ganz bequem durch
Häkchen setzen auswählen 86

Mehr Übersicht: Dateien in virtuellen Ordnern stapeln 88

Durch einfaches Filtern nur die neusten Dateien eines
Ordners anzeigen 90

CDs/DVDs im ISO-Format direkt aus dem
Windows-Explorer brennen 93

Beliebige Ordner und Laufwerke in den schnellen
Vista-Suchindex aufnehmen 95

Eigene Suchanfragen als virtuelle Ordner im
Navigationsbereich ablegen 96

Überflüssige Dateien ausfindig machen und löschen 97

Die nützlichsten Tastenkombinationen für den
Windows-Explorer 99

6. Überall sicher online: Internetzugang und WLAN geschützt, komfortabel und flexibel 100

Die Interneteinwahl im Leerlauf automatisch trennen 100

Mobil online: So surfen Sie automatisch im bevorzugten WLAN 101

Die Verbindung herstellen, selbst wenn ein vorhandenes WLAN nicht angezeigt wird 103

An öffentlichen Hotspots automatisch mit höchster Sicherheit surfen 103

Mehr Akkulaufzeit bei WLAN-Verbindungen mit mobilen PCs 105

Lassen Sie Vista Verbindungsprobleme automatisch erkennen und beheben 106

7. Nutzen Sie die Komfort- und Sicherheitsfunktionen von Internet Explorer und Windows Mail für sich 108

So holen Sie sich die klassische Menüleiste dauerhaft zurück 108

Nehmen Sie jede beliebige Suchhilfe in das Internet Explorer-Suchfeld auf 110

Eine Webseite ganz auf die Schnelle aufrufen 111

Mehrere Webseiten zusammen als Registerfavoriten speichern und abrufen 112

Bei jedem Browserstart automatisch Ihre Lieblingsregisterkarten wiederherstellen 114

Wenn der Internet Explorer Bilder in Webseiten automatisch verkleinert 114

Die neue weiche Schrift bei Webseiten gefällt nicht? – Deaktivieren Sie ClearType im Internet Explorer 115

Phishingfilter: zweifelhafte Webseiten nur bei
Bedarf checken 117

Lassen Sie sich über neue Meldungen in
Webfeeds automatisch benachrichtigen 119

Webseiten mit Hintergrundbildern und -farbe
ausdrucken 120

Lassen Sie Ihre Favoriten permanent im
Browserfenster anzeigen 121

Lassen Sie Windows Mail nur die neusten
E-Mails anzeigen 122

So finden Sie eine bestimmte Nachricht in Windows Mail
sofort wieder 123

Starten Sie Windows Mail ohne den überflüssigen
Starthinweis schneller 124

So landen Freunde und Kollegen garantiert nicht im
Spam-Ordner 125

Nutzen Sie Ihr Webmail-Konto bei Windows Live Mail als
Standard-E-Mail-Anwendung 126

Die besten Tastenkombinationen für den Internet Explorer ... 127

Die Internetverbindung läuft plötzlich nicht mehr? –
Helfen Sie ihr mit einem Reset auf die Sprünge 129

Dateien ganz einfach für alle Benutzer des PCs und im
Netzwerk bereitstellen 131

Netzwerkfreigaben: einzelne Ordner nur für ausgewählte
Benutzer freigeben 132

Dateien und Ordner genau wie bei Windows XP freigeben ... 133

Schnelle Übersicht: Diese Dateien und Ordner
sind für andere einsehbar 134

Freigegebene Ordner vor neugierigen Blicken verstecken 134

8. Sicherheit und Stabilität: Drehen Sie an den versteckten Rädchen Ihres Vista-Systems 136

Volle Kontrolle: Holen Sie sich den Windows-Task-Manager zurück 136

Die lästigen Mahnungen von Benutzerkontensteuerung und Sicherheitscenter deaktivieren 137

Hilfe für den Notfall: So aktivieren Sie die Vista-Starthilfe 140

Fehlende Vista-Funktionen und -Werkzeuge einfach nachrüsten 141

Elegante Problemlösung: Versetzen Sie Ihren PC mit der Systemwiederherstellung zurück in einen störungsfreien Zustand 143

Alternativer Spyware-Schutz bevorzugt? – So deaktivieren Sie den Windows Defender 145

Vergessene Passwörter durch eine Kennwortrücksetzdiskette vermeiden 146

Voller Zugriff wie bei Windows XP: die Benutzerkontensteuerung ganz deaktivieren 148

Automatische Aktualisierung auf Bestellung: Windows Update immer zu einem bestimmten Zeitpunkt durchführen 149

Auf Nummer sicher: Dateidownloads mit dem Windows Defender überprüfen 150

Nervige Fehlalarme beim Windows Defender vermeiden 152

Schalten Sie Ihren Anwendungen den Onlinezugang frei 153

Stichwortverzeichnis 155

1. Das Umsteiger-Einmaleins: So retten Sie Ihre Daten und Einstellungen von Windows XP zu Vista

Der Wechsel zu einem neuen Betriebssystem bietet immer die Chance auf einen sauberen Neuanfang. Andererseits haben sich im alten System zahllose E-Mails, Favoriten, Adressen und Einstellungen angesammelt, auf die man ungern verzichten möchte. Die gute Nachricht: Sie können praktisch alle Daten und Einstellungen von Windows XP nach Vista transferieren. In diesem Kapitel zeigen wir Ihnen, wie es geht.

Behutsamer Wechsel: Vista parallel zu Windows XP installieren

Vielleicht wollen Sie nicht von heute auf morgen zu Vista wechseln, sondern das neue System erst mal antesten. Das geht auch ohne Zweit-PC, denn wenn noch eine Partition auf Ihrer Festplatte frei ist, können Sie Vista dort installieren, ohne das vorhandene Windows XP zu beeinträchtigen.

Vista wird dann zwar zum neuen Standardbetriebssystem des PCs, aber über den Bootmanager können Sie jederzeit auch Ihr vertrautes Windows XP wieder starten. So können Sie beide Systeme parallel verwenden und z. B. erst dann komplett auf Vista umsteigen, wenn Sie sich eingearbeitet haben und alle Software und Hardware einwandfrei funktioniert.

1   Starten Sie die Installation entweder von Ihrem XP-System aus oder booten Sie den PC direkt von der Vista-Installations-DVD.

2 Führen Sie dann die Installation bis zur Wahl der Installationsart ganz normal durch. Wählen Sie an diesem Punkt *Benutzerdefiniert (erweitert)*, selbst wenn der Assistent Ihnen eine Update-Installation anbietet.

3 Wählen Sie dann im nächsten Schritt eine Partition für die Installation von Vista aus. Die muss über ausreichend freien Speicherplatz (mindestens 16 GByte) verfügen und darf keinesfalls die Partition sein, auf der Windows XP installiert ist. Andernfalls erkennt der Installationsassistent dies und warnt Sie. Stellen Sie in diesem Fall sicher, dass es sich dabei tatsächlich nicht um die Windows XP-Installation handelt, die Sie eigentlich beibehalten wollen.

4 Die weitere Installation läuft dann wie eine herkömmliche Installation ab.

Vista oder XP nach Belieben – So starten Sie das System Ihrer Wahl

Haben Sie Vista parallel zu einem vorhandenen Windows XP installiert, „übernimmt" Vista den PC zunächst einmal. Deshalb wird beim Einschalten oder Neustart also standardmäßig Vista geladen. Sie können aber trotzdem jederzeit die vorhandene Windows XP-Installation nutzen:

1 Nach dem Ablauf der BIOS-Selbsttests wird der Windows-Start-Manager aktiv. Er ermöglicht Ihnen für einige wenige Sekunden die Auswahl des zu startenden Betriebssystems. Falls Sie in dieser Phase nichts unternehmen, wird automatisch Vista hochgefahren.

```
                          Windows-Start-Manager

Auswahl des zu startenden Betriebssystems, oder TAB zur Auswahl eines Tools:
(Verwenden Sie die Pfeiltasten zur Auswahl und drücken Sie dann EINGABE.)

     Legacy (pre-Longhorn) Microsoft Windows Operating System
     Microsoft Windows Vista
```

2 Wenn das Startmenü angezeigt wird, verwenden Sie ⬆, um die Startoption *Legacy...* auszuwählen. Drücken Sie dann Enter.

```
Wählen Sie das zu startende Betriebssystem:


     Microsoft Windows Longhorn
     Microsoft Windows XP Professional

Verwenden Sie Pfeil nach oben bzw. Unten, um einen Eintrag zu markieren.
Drücken Sie anschließend die EINGABETASTE.
```

3 Damit gelangen Sie zu einem weiteren Startmenü, das dem Bootmanager von Windows XP entspricht. Sollten Sie mehrere XP-Installationen auf Ihrem PC haben, steht hier ein Eintrag für jede einzelne. Wählen Sie hier wiederum per Pfeiltaste Ihre Windows XP-Installation aus.

4 Mit der Taste F8 können Sie wie von Windows XP gewohnt die erweiterten Startoptionen aufrufen, z. B. um XP im abgesicherten Modus auszuführen. Drücken Sie schließlich wiederum Enter, um das ausgewählte Betriebssystem zu starten.

Windows XP bevorzugt? – So startet XP wieder standardmäßig

Wenn Sie bei einer Parallelinstallation üblicherweise Windows XP und nur hin und wieder Vista verwenden wollen, ist das Startmenü auf Dauer etwas nervig. Sie können aber das Verhalten des Vista-Bootmanagers umkehren, sodass er standardmäßig Ihre XP-Installation hochfährt und Vista nur auf ausdrücklichen Wunsch startet.

1 Öffnen Sie unter Vista in der Systemsteuerung das Modul *System und Wartung* und wählen Sie darin *System*. Klicken Sie dann am linken Rand auf *Erweiterte Systemeinstellungen*.

2 Klicken Sie im anschließenden Menü unten im Bereich *Starten und Wiederherstellen* auf die *Einstellungen*-Schaltfläche.

3 Im dadurch geöffneten Dialog können Sie oben im Bereich *Systemstart* festlegen, welches der installierten Systeme als *Standardbetriebssystem* gestartet werden soll. Für eine vorhandene Windows XP-Installation wählen Sie die Option *Legacy (pre-Longhorn) Microsoft Windows Operating System*.

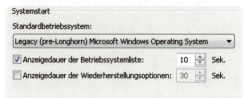

4 Sollte Ihnen die *Anzeigedauer der Betriebssystemliste* beim Start zu kurz oder zu lang sein, können Sie den Zeitraum nach Bedarf verlängern oder verkürzen.

5 Klicken Sie anschließend zweimal auf *OK*, um die geänderten Einstellungen zu übernehmen. Sie gelten ab dem nächsten Start bzw. Neustart Ihres PCs.

Übertragen Sie Ihre gespeicherten E-Mails von Outlook Express nach Windows Mail

Haben auch Sie in Ihrem Outlook Express wichtige, schöne oder interessante Nachrichten der letzten Jahre aufgehoben und sich so Ihr eigenes E-Mail-Archiv geschaffen? Vista mit seinem neuen Windows Mail weiß davon leider nichts, wenn Sie nicht gerade eine Upgrade-Installation von Windows XP zu Vista gemacht haben. Trotzdem können Sie Ihre aufbewahrten Nachrichten retten und auch mit Windows Mail ganz uneingeschränkt weiterverwenden.

Die Nachrichtendateien von Outlook Express lokalisieren und sichern

Outlook Express speichert Ihre E-Mail-Nachrichten in einem anderen Format als Windows Mail. Ein einfaches „Übernehmen" der Maildateien ist deshalb nicht möglich. Sie können die Outlook Express-Daten aber in Windows Mail importieren. Dazu müssen Sie zunächst die Mailordner in Windows XP lokalisieren und die darin enthaltenen Dateien auf das Vista-System transferieren.

1 Starten Sie Outlook Express, rufen Sie die Menüfunktion *Extras/ Optionen* auf und wechseln Sie dort in die Rubrik *Wartung*.

2 Klicken Sie hier unten rechts auf die Schaltfläche *Speicherordner*.

3 Im anschließenden Dialog sehen Sie den Pfad, unter dem Outlook Express Ihre Mails speichert. Mar-

kieren Sie diese Zeile und drücken Sie ⌈Strg⌉+⌈C⌉. Brechen Sie dann die Einstellungsdialoge ab und beenden Sie Outlook Express.

4 Öffnen Sie mit *Start/Ausführen* den Ausführen-Dialog und fügen Sie den Pfad hier mit ⌈Strg⌉+⌈V⌉ ein. Klicken Sie dann auf *OK*. Damit öffnen Sie den Ordner mit Ihren E-Mail-Nachrichten.

5 Transferieren Sie den Inhalt dieses Ordners auf das Vista-System, z. B. durch das Sichern der Dateien auf einem USB-Stick oder das Übertragen via Netzwerk. Der Umfang der Dateien hängt davon ab, wie viele Nachrichten Sie unter Outlook Express gespeichert haben.

Gesicherte Mailboxen unter Vista in Windows Mail einfügen

Da Windows Mail unter Vista ein anderes Format zum Speichern von E-Mails verwendet, ist es mit einem einfachen Kopieren der Mailbox-dateien nicht getan. Allerdings verfügt Windows Mail über eine Import-funktion, die auch Nachrichten im Outlook Express-Format einlesen und in seine eigenen Mailordner einfügen kann.

1 Starten Sie auf dem Vista-System Windows Mail und rufen Sie im Menü *Datei/Importieren/Nachrichten* auf.

2 Wählen Sie im ersten Schritt als Format *Microsoft Outlook Express 6* und im zweiten Schritt unten die Option *E-Mail aus einem OE6-Speicherverzeichnis importieren* aus.

3 Klicken Sie dann auf *Durchsuchen* und geben Sie im Auswahldialog den transferierten Ordner mit den Mailboxdateien an.

4 Im nächsten Schritt sehen Sie die Mailordner, die in den gespeicherten Outlook Express-Daten enthalten sind. Sie können nun wählen, ob Sie *Alle Ordner* oder nur *Ausgewählte Ordner* in Windows Mail einfügen wollen. In letzterem Fall markieren Sie im Auswahlfeld alle Nachrichtenordner, die Sie transferieren wollen. So können Sie womöglich unbenötigte Ordner wie *Entwürfe* oder *Gelöschte Objekte* loswerden.

5 Klicken Sie dann unten auf *Weiter*, um den eigentlichen Importvorgang zu beginnen. Dieser kann je nach Umfang der Nachrichtenordner ein wenig dauern.

Wenn Sie nun Windows Mail starten, finden Sie Ihre alten Outlook Express-Mailordner direkt in der Ordnerliste wieder. Hier sind sie zunächst unter *Importierte Ordner* zusammengefasst. Sie können die Mailboxordner nun aber auch an beliebige andere Stellen in Ihrer Mailordnerstruktur verschieben und genauso wie die Original-Nachrichtenordner von Windows Mail verwenden.

E-Mail-Konten ganz einfach von Windows XP nach Vista transferieren

Neben den Nachrichten gehören die E-Mail-Konten zu den wichtigsten Aspekten bei der elektronischen Briefpost. Freilich können Sie die Zugangsdaten zu Ihrem Postfach unter Vista bei Windows Mail auch wieder von Hand einrichten. Aber womöglich haben Sie gerade nicht mehr alle Angaben zur Hand. Außerdem ist das Übertragen der Daten komfortabler und weniger fehleranfällig.

1 Öffnen Sie in Outlook Express mit *Extras/Konten* die Konteneinstellungen und wählen Sie hier das E-Mail-Konto aus, das Sie nach Windows Mail transferieren wollen. Klicken Sie dann rechts auf die Schaltfläche *Exportieren*.

2 Geben Sie dann einen Namen und einen Speicherort für die Datei mit den Konteneinstellungen an und speichern Sie diese. Transferieren Sie die erstellte Datei dann auf das Vista-System.

3 Starten Sie dort Windows Mail und öffnen Sie hier ebenfalls mit *Extras/Konten* die Konteneinstellungen und klicken Sie auf *Importieren*.

4 Geben Sie im anschließenden Dialog den Speicherort der übertragenen Datei mit den Konteneinstellungen an und öffnen Sie diese. Anschließend finden Sie das importierte Konto in den Konteneinstellungen von Windows Mail vor. Als Bezeichnung wird automatisch der Dateiname der Transferdatei eingesetzt. Sie können das aber schnell ändern, indem Sie die Einstellungen mit einem Doppelklick öffnen und die Bezeichnung in der Rubrik *Allgemein* ändern.

Auf diese Weise können Sie alle E-Mail-Konten von Windows XP nach Vista übertragen. Leider muss der Vorgang auch bei mehreren E-Mail-Konten für jedes Konto einzeln durchgeführt werden. Sie können aber zunächst mit Outlook Express alle Konten jeweils in eine eigene Datei speichern und dann alle diese Dateien nacheinander in Windows Mail importieren.

Newskonten übertragen

Auf die beschriebene Weise können Sie nicht nur E-Mail-Zugangsdaten, sondern auch Newskonten übertragen. Führen Sie die Schritte dazu einfach in der Rubrik *News* der Konteneinstellungen durch.

Machen Sie aus dem alten XP-Adressbuch Ihre neuen Vista-Kontakte

Wenn Sie unter Windows XP bereits umfangreiche Kontaktdaten in Ihrem Windows-Adressbuch gesammelt haben, können Sie diese in die Kontaktverwaltung von Vista importieren. Diese verfügt dafür über einen speziellen Importfilter, der die Daten eins zu eins ins neue Format umsetzt.

Adressdaten unter Windows XP exportieren

Der erste Schritt für die Adressdatenübernahme ist das Exportieren des Windows XP-Adressbuchs in eine kompakte Datei, die Sie auf das Vista-System übertragen können.

1 Öffnen Sie unter Windows XP das Windows-Adressbuch, z. B. von Outlook Express aus, mit *Extras/Adressbuch*.

2 Rufen Sie im Adressbuch die Funktion *Datei/Exportieren/Adressbuch* auf.

3 Geben Sie einen Dateinamen und einen Speicherort für die Adressbuchdatei an und klicken Sie auf *Speichern*. Die Adressbuchda-

> **Adressbuch - Hauptidentität**
>
> ⚠ Das Adressbuch wurde erfolgreich in "\\Pvista\documents\Meine Adressen.WAB" exportiert
>
> [OK]

tei wird mit der Endung *.wab* gespeichert. Transferieren Sie diese auf Ihr Vista-System.

Die XP-Adressen in die Vista-Kontakte einfügen

Haben Sie die Adressbuchdatei auf Ihr Vista-System übertragen, können Sie die Adressen als Vista-Kontakte übernehmen:

1 Öffnen Sie die Kontaktverwaltung und klicken Sie oben in der Symbolleiste auf die *Importieren*-Schaltfläche.

2 Wählen Sie im anschließenden Dialog die Option *Windows-Adressbuchdatei (Outlook Express-Kontakte)* und klicken Sie unten auf die *Importieren*-Schaltfläche.

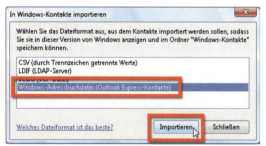

3 Geben Sie im anschließenden Fenster die Position der gespeicherten Datei mit den Windows XP-Adressen an.

Die Daten aus dieser Datei werden dann eingelesen und in die Vista-Kontakte übernommen.

Adressen von anderen Programmen in Vista importieren

Wenn Sie unter Windows XP ein anderes Programm zum Adressen-sammeln verwendet haben, können Sie über dessen Exportfunktion ebenfalls eine Adressdatei erstellen. Vista unterstützt zu diesem Zweck das CSV-Format, in dem die Adressen in einer einfachen Textdatei durch Kommas getrennt gespeichert werden. Alternativ bietet sich auch das VCF-Format an, mit dem Sie einzelne Adressen in Form einer virtuellen Visitenkarte speichern und in die Vista-Kontakte einfügen können.

Alle Webfavoriten vom alten Internet Explorer ins neue System übernehmen

Sie haben sich mit dem Internet Explorer unter Windows XP eine um-fangreiche Favoritensammlung zugelegt und möchten mit Vista und dem IE 7 nicht wieder bei Null anfangen? Das ist auch nicht nötig, denn Sie können die gespeicherten Favoriten des Internet Explorer 6 in den neuen Browser übernehmen. Speichern Sie zunächst die Favoriten des Internet Explorer 6 in einer Datei:

1 Starten Sie den Internet Explorer 6 unter dem alten Windows und wählen Sie die Menüfunktion *Datei/Importieren und Exportieren*-Wählen Sie dann als Aufgabe *Favoriten exportieren*.

2 Um alle gespeicherten Web-adressen zu exportieren, wählen Sie ganz oben *Favo-riten*. Sie können aber auch einzelne Unterordner der Lesezeichen auswählen.

3 Aktivieren Sie im anschließenden Dialog die Option
*In Datei oder Adresse expo-
rtieren* und geben Sie den
Speicherort für die Exportdatei an.

4 Klicken Sie dann unten auf
Weiter und schließlich auf
Fertig stellen. Übertragen
Sie die erstellte Datei anschließend auf den Vista-PC.

Der IE 7 kann die Exportdatei einlesen und die Lesezeichen daraus
übernehmen. Dazu verwenden Sie wiederum den Assistenten:

1 Rufen Sie im Menü *Datei/
Importieren und Expor-
tieren* auf und wählen Sie
Favoriten importieren.

2 Geben Sie im Dialog mit
Durchsuchen die Position
der Favoritendatei an.

3 Wählen Sie dann, ob die
zu importierenden Favo-
riten in einem bestimm-
ten Lesezeichenordner
eingefügt werden sollen.
Mit *Favorites* werden sie
einfach mit in den Haupt-
ordner integriert.

4 Klicken Sie unten auf *Weiter* und schließlich auf *Fertig stellen*.

Auch ohne Upgrade: So übertragen Sie Ihr komplettes XP-Benutzerkonto zu Vista

Wenn Sie unter Vista am liebsten alles gleich wieder so hätten wie unter Windows XP, bietet Ihnen das Windows EasyTransfer-Programm die Möglichkeit, Ihr komplettes Benutzerkonto mit allen Daten, Einstellungen und Dateien einfach nach Vista zu transferieren.

Die Transferdaten unter Windows XP einsammeln

Um Ihr Benutzerkonto von Windows XP nach Vista zu übertragen, müssen Sie zunächst die Daten unter Windows XP einsammeln. Auch dafür können Sie das EasyTransfer-Programm benutzen, da es ebenfalls unter Windows XP läuft. Sie finden es auf Ihrer Vista-Installations-DVD.

1 Legen Sie unter Windows XP die Vista-Installations-DVD ein. Warten Sie, bis das Startmenü der DVD per AutoPlay angezeigt wird, oder starten Sie manuell die Datei *setup.exe* auf der DVD.

2 Wählen Sie direkt im Startmenü der DVD unten *Dateien und Einstellungen von einem anderen Computer übertragen*. Damit starten Sie das EasyTransfer-Programm.

3 Klicken Sie hier zunächst unten rechts auf *Weiter* und wählen Sie dann die Option *CD, DVD oder ein anderes Wechselmedium verwenden*.

4 Wählen Sie dann das Transfermedium aus und geben Sie anschließend je nach gewählter Variante das konkrete Laufwerk/Verzeichnis
zum Speichern der Daten an. Außerdem können Sie ein Kennwort
vergeben, um sensible Daten zu schützen.

5 Wählen Sie dann *Alle Benutzerkonten, Dateien und Einstellungen*,
um die Daten aller Benutzer zu erfassen.

Die Transferdaten unter Vista einspielen

Damit ist der aufwendigere Teil des Transfers erledigt. Nun bleibt nur
noch, die Daten im neuen Vista-System wiederherzustellen.

1 Starten Sie Vista und legen Sie den Datenträger ein bzw.
stellen Sie die Verbindung dazu her. Sie finden darauf eine
Imagedatei vor, die Sie per Doppelklick starten können.

2 Geben Sie – sofern zutreffend – das Kennwort ein, mit dem die Transferdaten gesichert sind.

3 Anschließend können Sie zuordnen, welche Benutzerdaten bei welchem Benutzer auf dem neuen Vista-System landen sollen.

4 Klicken Sie dann unten rechts auf *Übertragen*, um den Transfer durchzuführen. Abschließend müssen Sie sich ab- und neu anmelden, um die Änderungen durch die transferierten Einstellungen wirksam werden zu lassen.

Speichermedium zu klein für alle Daten?

Sollte die Kapazität z. B. eines USB-Sticks nicht ausreichen, gibt es einen einfachen Trick: Wenn der Datenträger auf dem XP-Rechner voll ist, bricht EasyTransfer ab und fordert Sie auf, einen weiteren Datenträger einzulegen. Nehmen Sie nun z. B. den USB-Stick und übertragen Sie die bislang vorhandenen Daten nach Vista. Anschließend löschen Sie den USB-Speicher und verbinden ihn dann wieder mit dem XP-System, um weitere Transferdaten darauf schreiben zu lassen. Diesen Vorgang können Sie so oft wiederholen, bis alle Daten übertragen sind.

2. Schnell und schlank: Optimieren Sie die Vista-Performance und beseitigen Sie unnötige Leistungsbremsen

Der Performance-Hunger von Vista wird immer wieder als Argument gegen einen Umstieg auf die neuste Windows-Version ins Feld geführt. Dabei läuft das System auch auf durchschnittlichen PCs der letzten Jahre durchaus zufriedenstellend. Außerdem gibt es eine Vielzahl von Mitteln und Wegen, die Leistungsfähigkeit des Betriebssystems zu optimieren und an die eigenen Bedürfnisse und Vorlieben anzupassen.

Den PC in Sekunden aus dem Ruhezustand hochfahren

Microsoft hat sich mit allerhand Tricks bemüht, die Startzeit eines komplett ausgeschalteten PCs bei Vista zu verkürzen. Unterm Strich ist gegenüber Windows XP aber kein wesentlicher Unterschied festzustellen. Allerdings bringt Vista eine neue Philosophie in Bezug auf das Ein- und Ausschalten mit, die diese Vorgänge tatsächlich verkürzt:

■ Der Ausschaltknopf im Start-menü ist standardmäßig mit der Funktion *Energie sparen* belegt. Mit einem Klick darauf schicken Sie Ihren PC in den Stand-by-Modus. Hierbei werden die Aktivitäten weitestgehend reduziert und nur noch der Arbeitsspeicher mit Strom versorgt, sodass der Stromverbrauch gering ist. Aus dem Stand-by-Modus ist der PC bei Bedarf in wenigen Sekunden wieder voll da.

■ Solange Sie den PC nicht wieder aufwecken, verbleibt er einige Zeit in diesem Zustand. Nach einer vordefinierten Zeit (standardmäßig 4 Stunden, aber das können Sie in den Energieoptionen individuell anpassen) erfolgt ein automatischer Wechsel in den Ruhezustand: Der Inhalt des Arbeitsspeichers wird auf der Festplatte zwischengespeichert und der PC endgültig ausgeschaltet. Der Stromverbrauch sinkt dann gegen null.

■ Mit einem Tastendruck oder Mausklick lässt sich der PC so oder so wieder zum Leben erwecken. Aus dem Stand-by-Modus heraus dauert dies nur wenige Sekunden. Das Aufwachen aus dem Ruhezustand dauert etwas länger, aber dafür wird der vorherige Zustand des PCs einschließlich geöffneten Programmen und Dokumenten gleich wiederhergestellt und Sie können sofort weiterarbeiten.

Schneller Start = mehr Stromverbrauch

Das neue Konzept funktioniert (wenn die Hardware mitspielt). Allerdings bedeutet Stand-by eben nicht ausgeschaltet, sondern der PC verbraucht auch in diesem Modus noch einiges an Strom. Selbst im Ruhezustand bleibt der Stromzähler meist noch nicht wirklich stehen, solange das Netzteil des PCs nicht physisch vom Stromanschluss getrennt wird (Ausschalter bzw. schaltbare Steckleiste). Der Komfort des schnellen Starts wird also mit höheren Stromkosten erkauft. Bei längeren Arbeitspausen und über Nacht empfiehlt sich deshalb noch immer das klassische Ausschalten.

ReadyBoost: Beschleunigen Sie Vista mit einem simplen USB-Stick

Die Performance von Vista lässt sich durch einen USB-Stick beschleunigen – auch wenn man solche Empfehlungen üblicherweise als Seemannsgarn abtut, ist diesmal wirklich was dran. Dank ReadyBoost kann Vista den Flash-Speicher auf Speichersticks als schnellen Auslagerungsspeicher verwenden. Da die Zugriffszeiten bei flotten USB 2.0-Speichermedien sehr kurz ausfallen, sind sie bei dieser speziellen Anwendung sogar internen Festplatten voraus. So lässt sich der verfügbare Arbeitsspeicher des PCs quasi per USB ganz unkompliziert erweitern. Diese Methode eignet sich z. B. dann, wenn ein größerer Speicher nur hin und wieder benötigt wird oder wenn z. B. bei einem Notebook die Speichererweiterung nicht möglich oder sehr teuer wäre. Als Dauerlösung für einen herkömmlichen PC empfiehlt sich jedoch immer noch eine „normale" Speichererweiterung.

Diese Bedingungen muss der USB-Stick erfüllen

Die ReadyBoost-Funktion kann neben klassischen USB-Sticks auch andere Flash-basierte Speichermedien wie etwa Speicherkarten aus Digitalkameras (CF-Karten, SD-Karten) verwenden. Allerdings muss die Hardware gewisse Anforderungen erfüllen: Sowohl PC als auch Speichermedium müssen das schnelle USB 2.0 verwenden. Die Speicherkapazität muss mindestens 256 MByte betragen (4 GByte ist die Obergrenze). Optimalerweise entspricht die Kapazität in etwa dem vorhandenen Arbeitsspeicher. Die Transferrate muss mindestens 2,5 MBit/s für 4-KByte-Dateien und mindestens 1,75 MBit/s für 512-KByte-Dateien betragen. Windows überprüft diese Anforderungen automatisch und bietet ReadyBoost nur für solche Geräte an, die sie erfüllen.

Wenn Sie ein Speichermedium haben, das diese Anforderungen erfüllt, können Sie den Arbeitsspeicher damit erweitern und so die Performance Ihres PCs steigern. Allerdings sollte der Speicherstick möglichst leer sein, damit Vista die volle Kapazität nutzen kann.

1 Stecken Sie den USB-Stick einfach in einen freien USB-Port ein. Der direkte Anschluss ist einem zwischengeschalteten USB-Hub vorzuziehen, um optimale Performance zu erzielen.

2 Windows Vista erkennt eingesteckte USB-Sticks automatisch und zeigt den Dialog *Automatische Wiedergabe* an. Hier finden Sie bei geeigneten Geräten die Option *System beschleunigen*.

3 Das Betriebssystem öffnet daraufhin die Eigenschaften dieses Festspeichermediums in der Rubrik *ReadyBoost*. Hier können Sie mit der Option oben zunächst festlegen, dass Windows *Dieses Gerät verwenden* soll, um das System zu beschleunigen.

4 Mit dem Schieberegler darunter stellen Sie ein, wie viel Windows von der Kapazität des Speicherchips für sich abzweigen darf. Dieser Teil steht zum Speichern von Dateien dann nicht zur Verfügung. Am besten ist es, den Vorschlag von Windows zu übernehmen. Dieser läuft in der Regel darauf hinaus, ca. 90 % der verfügbaren Kapazität zu verwenden.

5 Klicken Sie dann auf *OK*, um die Einstellungen zu übernehmen und die Speichererweiterung abzuschließen.

Besondere Vorsichtsmaßnahmen im Umgang mit dem ReadyBoost-Speicher sind nicht erforderlich. Sie können den USB-Stick jederzeit wieder entfernen. Windows Vista bemerkt dies und greift in diesem Fall wieder auf die reguläre Auslagerungsdatei auf der Festplatte zurück, die für solche Fälle als Backup dient. Stecken Sie den USB-Stick später wieder ein, wird er sofort automatisch wieder in das Speichermanagement eingebunden. Wollen Sie ReadyBoost für dieses Speichermedium wieder deaktivieren, öffnen Sie die Eigenschaften des Laufwerks und wählen dort in der Rubrik *ReadyBoost* die Option *Dieses Gerät nicht verwenden* aus.

Vista gibt Ihnen individuelle Tipps zur Steigerung der Systemperformance

Vista kann die Leistungsfähigkeit des Systems aufgrund der eingebauten Hardware sehr genau analysieren und Ihnen Tipps geben, welche Maßnahmen bei Ihrem System zu einer Steigerung der Performance führen würden.

1 Öffnen Sie in der Systemsteuerung das Modul *System* und klicken Sie dort ganz unten links auf die Verknüpfung *Leistung*.

2 Im anschließenden Fenster finden Sie eine Bewertung Ihres Systems vor. Spannender ist aber links der Punkt *Weitere Tools*.

3 Dieser öffnet eine Liste mit Tools, wo Sie ganz oben in der Kategorie *Leistungsprobleme* den Eintrag *Die Leistung kann durch Anpassen visueller Einstellungen verbessert werden. Details anzeigen.* finden.

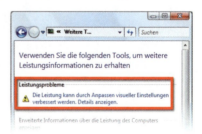

4 Mit einem Klick darauf rufen Sie ein Hinweisfenster auf, das Ihnen Tipps zu Maßnahmen gibt, mit denen Sie die Leistungsfähigkeit Ihres PCs unter Vista verbessern können. Die wesentlichen in Frage kommenden Maßnahmen stellen wir Ihnen auf den folgenden Seiten vor.

Leistungsinformationen und -tools

Visuelle Einstellungen zum Verbessern der Leistung anpassen

Mit den aktuellen visuellen Einstellungen kann möglicherweise keine optimale Computerleistung erreicht werden. Sie können die Leistung verbessern, indem Sie Fenster schließen, die Fenstertransparenz deaktivieren, die Auflösung reduzieren oder das Farbschema in "Windows Vista-Basis" ändern.

Hilfe | Aus Liste entfernen | OK

Details im Ereignisprotokoll anzeigen

Vista zu träge? – Verzichten Sie auf unnötigen Grafik-Schnickschnack

Auf älteren PCs oder Rechnern mit schwachbrüstiger Onboard-Grafik läuft Vista eventuell nur behäbig. Durch das Optimieren der Systemleistung können Sie aber auch hier eine akzeptable Performance erzielen.

Verzichten Sie auf transparente Fensterrahmen

Transparenz gehört sicherlich zu den wesentlichen optischen Merkmalen von Vista und macht sich gerade bei Fenstertiteln und -rahmen stark bemerkbar. Allerdings gehört dieses Feature auch zu den rechenintensivsten: Normalerweise kann alles, was von einem Fenster überlagert wird, getrost ignoriert werden, da man es nicht sieht.

Durch die transparenten Rahmen aber muss Vista auch den Bildschirminhalt hinter jedem Fenster zumindest teilweise mit berechnen, um den Transparenzeffekt korrekt darstellen zu können. Diese zusätzliche Rechenkapazität können Sie wichtigeren Aufgaben zukommen lassen, wenn Sie auf die transparenten Fenster verzichten.

1 Öffnen Sie in der Systemsteuerung das Modul *Anpassung*
und darin die Optionen für
Fensterfarbe und -darstellung.

2 Schalten Sie im anschließenden
Menü die Option *Transparenz
aktivieren* aus und klicken Sie
unten auf *OK*.

Die Fensterrahmen werden dann
mit einem Pseudo-Transparenzeffekt
versehen, der immer noch ganz nett
aussieht, aber keine nennenswerte
Rechenpower mehr beansprucht.

Sparen Sie Leistung durch das Reduzieren aufwendiger Grafikeffekte

Wenn Sie nicht gleich ganz auf die neue Vista-Oberfläche verzichten
wollen, können Sie auch einzelne Effekte reduzieren, wenn diese z. B.
nur schwerfällig ablaufen oder wenn die Performance des PCs insgesamt
nicht zufriedenstellend ist.

1 Öffnen Sie in der Systemsteuerung
das Modul *Darstellung und Anpassung* und rufen Sie darin die Funktion
Farben anpassen auf.

2 Klicken Sie in diesem Menü unten auf den Link *Eigenschaften für klassische Darstellung öffnen, um weitere Optionen anzuzeigen* und klicken Sie im anschließenden Dialog wiederum auf *Effekte*.

3 Hier finden Sie verschiedene Effekte wie etwa die Kantenglättung von Bildschirmschriftarten oder das Anzeigen des Fensterinhalts beim Verschieben von Fenstern, die die Performance des PCs bremsen.

4 Am besten experimentieren Sie ein wenig, inwieweit der Verzicht auf diese Effekte bei Ihrem PC eine spürbare Verbesserung der Arbeitsgeschwindigkeit ergibt.

Darüber hinaus hat Vista eine Reihe von visuellen Funktionen, die Sie ggf. reduzieren oder deaktivieren können, um so mehr Rechenpower für Anwendungen freizugeben.

1 Öffnen Sie in der Systemsteuerung den Bereich *System und Wartung* und wählen Sie darin das Modul *System* aus.

2 Klicken Sie hier links oben im Aufgabenbereich auf *Erweiterte Systemeinstellungen*.

3 Im anschließenden Menü klicken Sie in der Rubrik *Erweitert* oben im Bereich *Leistung* auf die Schaltfläche *Einstellungen*.

4 Damit öffnen Sie ein Menü, in dem Sie in der Rubrik *Visuelle Effekte* im oberen Bereich z. B. pauschal die Option *Für optimale Leistung anpassen* auswählen können. Vista deaktiviert dann sämtliche in der Liste darunter aufgeführten Darstellungseffekte.

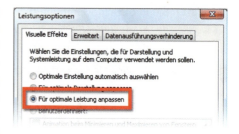

5 Wenn Sie nicht ganz so radikal vorgehen möchten, können Sie alternativ auch die Liste der Optionen durchgehen und einzelne Funktionen gezielt deaktivieren. Die Namen der einzelnen Einstellungen sind meist selbsterklärend. Auch hier empfiehlt sich ggf. ein wenig Experimentieren, welche Optionen eine spürbare Leistungsverbesserung bringen.

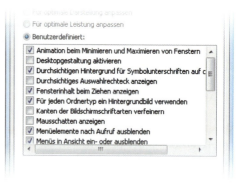

Mehr Performance mit dem klassischen Windows-Design

Neue PCs mit einer aktuellen Grafikkarte sollten mit dem Aero-Desktop keine Probleme haben. Bei älteren Systemen speckt Vista die Oberfläche automatisch ab.

Sie können aber auch bewusst auf Aero verzichten und zur klassischen Windows-Oberfläche zurückkehren, die ohne rechenintensive Effekte auskommt.

1 Öffnen Sie in der Systemsteuerung das Modul *Anpassung* und rufen Sie darin den Menüpunkt *Design* auf.

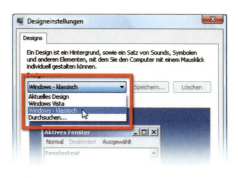

2 Wählen Sie im anschließenden Menü die Option *Windows - klassisch* aus und klicken Sie unten auf *OK*.

3 Warten Sie dann einige Sekunden, während Windows die Desktopelemente und Funktionen austauscht.

Leistungseinbrüche durch optimierten Auslagerungsspeicher vermeiden

Wenn Sie viele Programme und/oder Dokumente gleichzeitig nutzen, wird der Arbeitsspeicher Ihres PCs eventuell knapp. In solchen Fällen verwendet Vista eine Datei auf der Festplatte als Auslagerungsspeicher: Inhalte des Arbeitsspeichers werden in diese Datei übertragen, um den Speicher freizubekommen.

Soll später wieder auf diese Inhalte zugegriffen werden, holt das System sie von der Festplatte zurück in den Arbeitsspeicher. Da Festplatten langsamer arbeiten als Arbeitsspeicher, kommt es beim Aus- und Einlagern zu spürbaren Verzögerungen. Vermeiden lässt sich das nicht (außer durch das Einbauen zusätzlichen Speichers). Aber durch optimales Konfigurieren der Auslagerungsdatei können Sie den Bremseffekt vermeiden.

Die beste Therapie: mehr Arbeitsspeicher im PC

Das sinnvollste Mittel gegen zu wenig Arbeitsspeicher ist immer eine Speichererweiterung. Sie wird die Systemperformance in fast allen Fällen verbessern, da der beschriebene Auslagerungseffekt verringert wird. Vista benötigt mindestens 512 MByte RAM, mit 1 GByte RAM lässt es sich ganz gut arbeiten. Für speicherintensive Anwendungen (Bearbeiten von Bildern, Musik oder Videos) und grafikintensive Spiele empfehlen sich 2 GByte und mehr. Ein zusätzlicher Speicherriegel kostet inzwischen kein Vermögen mehr, nicht immer ist eine Erweiterung aber ohne Weiteres möglich (z. B. bei Notebooks).

---

1 Öffnen Sie in der Systemsteuerung das Modul *System* und klicken Sie dort links auf *Erweiterte Systemeinstellungen*.

2 Klicken Sie im Bereich *Leistung* auf *Einstellungen* und wechseln Sie im anschließenden Menü in die Rubrik *Erweitert*.

3 Klicken Sie hier unten im Bereich *Virtueller Arbeitsspeicher* auf die *Ändern*-Schaltfläche.

4 Deaktivieren Sie ganz oben die Option *Auslagerungsdateigröße für alle Laufwerke automatisch verwalten*, um in die Einstellungen

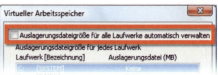

für die Speicherauslagerung eingreifen zu können.

So optimieren Sie den Auslagerungsspeicher

Wie Sie das Auslagern von Speicher optimieren, hängt von den Gegebenheiten ab:

■ Haben Sie nur eine Festplatte mit einer Partition in den PC einge- baut, sind die Möglichkeiten begrenzt. In diesem Fall überlassen Sie am besten Vista die automatische Einstellung.

■ Bei einer Festplatte mit mehreren Partitionen können Sie immerhin bestimmen, auf welchem Laufwerk die Auslagerungsdatei erstellt werden soll. Bei knappem Platz auf dem Systemlaufwerk können Sie die Auslagerungsdatei verlegen.

■ Wenn Sie mehrere Festplatten eingebaut haben, sollten Sie die Auslagerungsdatei vom Systemlaufwerk auf eine andere Festplatte (nicht eine andere Partition auf demselben Laufwerk!) verlegen. So kann der PC parallel auf System- sowie Programmdateien und den Auslagerungsspeicher zugreifen, was den Ablauf beschleunigt.

5 Um die Auslagerungsdatei zu verlegen, wählen Sie zunächst das Laufwerk aus, auf dem sich die Datei zurzeit befindet (Vermerk *Verwaltetes System* in der Liste). Wählen Sie dann darunter die Option *Keine Auslagerungsdatei* und kli- cken Sie dann auf *Festlegen*.

6 Wählen Sie nun oben das Laufwerk aus, auf das in Zu- kunft ausgelagert werden soll. Aktivieren Sie dann die Option *Größe wird vom System verwaltet* und klicken Sie wiederum auf *Festlegen*.

7 Übernehmen Sie die Einstellungen dann unten mit *OK*. Wichtig: Die Auslagerungsdatei kann nicht während des laufenden Betriebs geändert werden. Deshalb erfolgt die Umstellung automatisch beim nächsten Vista-Start bzw. nach einem Neustart.

Am besten verwaltet Vista die Größe des Auslagerungsspeichers

Beschränken Sie sich beim Optimieren der Auslagerungsdatei auf die Auswahl des Laufwerks und überlassen Sie die genaue Größe der Datei dem System. Es belegt dynamisch jeweils nur so viel Speicher, wie benötigt wird. Manuelle Vorgaben mit der Option *Benutzerdefinierte Größe* sind nicht notwendig und wenig sinnvoll. Eine zu kleine Datei kann zu einem instabilen System führen. Umgekehrt kann die Datei auch zu groß sein, weil dann so viel ein- und ausgelagert wird, dass Vista nur noch im Schneckentempo reagiert. Die Automatik von Vista findet hingegen immer einen guten Mittelweg.

Mehr freien Speicher durch Verzicht auf unnötige Vista-Komponenten

Selbst die Home-Editionen von Vista bringen eine Vielzahl von Komponenten und Diensten mit, die nicht unbedingt für jeden Benutzer erforderlich sind. Sie alle kosten aber Speicherplatz sowie teilweise auch Startzeit und Performance.

Es kann deshalb nicht schaden, die Liste einmal durchzugehen und unnötige Systemkomponenten zu deinstallieren.

1 Klicken Sie in der Systemsteuerung im Modul *Programme* auf *Programme deinstallieren*.

Welche Funktionen sind verzichtbar?

Die meisten privaten Vista-Nutzer können bei *Druckdienste* auf einen Internetdruckclient verzichten. *Optionale Tablet PC-Komponenten* sind nur erforderlich, wenn Sie einen mobilen PC mit Handschriftenerkennung verwenden. *Remoteunterschiedskomprimierung* ist nur notwendig, wenn Sie Funktionen wie die Remoteunterstützung nutzen möchten. Den *Windows-DFS-Replizierungsdienst* benötigen nur Benutzer, die ihre Dateien zwischen mehreren PCs synchron halten möchten. Auch die *Windows-Teamarbeit* können Sie deinstallieren, wenn Sie dieses Feature nicht benötigen.

2 Wählen Sie im anschließenden Menü am linken Rand *Windows Funktionen ein- oder ausschalten*. Warten Sie, bis sich das Menü gefüllt hat. Vista überprüft dazu, welche der Optionen bereits installiert sind. Diese werden in der Liste jeweils mit einem Häkchen versehen.

3 Nun können Sie die Liste durchgehen und schauen, welche der installierten Zusatzkomponenten Sie nicht benötigen. Entfernen Sie bei dem entsprechenden Listeneintrag das Häkchen.

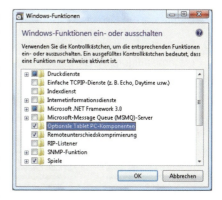

4 Haben Sie Ihre Auswahl an nachträglich zu installierenden bzw. zu deinstallierenden Funktionen getroffen, klicken Sie unten auf *OK*. Vista nimmt dann die Änderungen an seiner Konfiguration vor. Je nach Umfang kann dies einige Minuten dauern. Einige der nachinstallierten Komponenten laufen eventuell erst nach einem Neustart korrekt.

Zweifelhafte Leistungsbremsen: Misten Sie bei den Autostartprogrammen aus

Eine der größten Achillesfersen von Betriebssystemen sind Programme und Dienste, die bei jedem Start automatisch aktiviert werden. Sie kosten wertvolle Startzeit und nehmen sich ihren Teil von Arbeitsspeicher und Prozessorkapazität, selbst wenn sie nicht gebraucht werden. Ganz vermeidbar ist dieses Phänomen zwar ohnehin nicht, aber erfahrungsgemäß sammelt sich im Lauf der Zeit einiges in der Autostartliste an. Besonders ärgerlich sind hartnäckige Hintergrunddienste, die sich trotz der Deinstallation ihrer Anwendung immer noch jedes Mal wieder mitstarten lassen. Auch aus Gründen der Sicherheit lohnt es sich, hin und wieder einen Blick in die Autostartliste des PCs zu werfen.

1 Rufen Sie das Startmenü auf und tippen Sie den Befehl *msconfig* ein. Damit starten Sie das Systemkonfigurationsprogramm von Vista.

2 Wechseln Sie hier in die Rubrik *Systemstart*. Dort sind alle Programme aufgeführt, die mittels Registry-Einträgen beim Systemstart aktiviert werden.

3 Überprüfen Sie bei jedem Element Name, Hersteller und den Befehl, mit dem es gestartet wird. Versuchen Sie so, herauszubekommen, welchen Zweck die einzelnen Elemente haben.

4 Um eines der Elemente nun zu deaktivieren, entfernen Sie das Häkchen ganz links vor dem Eintrag. Beim nächsten Vista-

Start weist das System noch einmal auf das deaktivierte Element hin, was Sie aber ignorieren können.

Nicht einfach alles deaktivieren!

Die Mehrzahl der Einträge in der Autostartliste hat durchaus ihren Sinn. So sind hier wichtige Windows-Komponenten wie der Windows Defender verankert. Auch Treiber für Grafik- und Audiohardware werden auf diese Weise gestartet. Widerstehen Sie also der Versuchung, einfach alles zu deaktivieren. Wenn Sie aber Elemente finden, die eindeutig unnötig oder zumindest zweifelhaft sind, probieren Sie es mit einer Deaktivierung aus. Sollte anschließend etwas nicht mehr funktionieren, können Sie das Element auf dem gleichen Weg wieder aktivieren.

AutoLogin: So melden Sie sich bei Vista automatisch als Benutzer an

Bei Windows XP konnte das ständige Anmelden beim Systemstart auf verschiedene Weise umgangen werden. War nur ein Benutzerkonto und das ohne Kennwort eingerichtet, wurde dieser Benutzer automatisch angemeldet. Bei mehreren Benutzern konnte man z. B. mit dem Hilfsprogramm TweakUI eine automatische Anmeldung durchführen.

Dies funktioniert bei Vista nicht mehr so ohne Weiteres. Allerdings gibt es einen Registry-Trick, mit dem Sie auch Vista AutoLogin-fähig machen können.

1 Starten Sie über das Startmenü den Windows-Registrierungs-Editor regedit und navigieren Sie hier zum Schlüssel *HKEY_LOCAL_MACHINE\ Software\Microsoft\Windows NT\CurrentVersion\ Winlogon*.

2 Erstellen Sie hier mit *Bearbeiten/Neu/Zeichenfolge* die beiden Einträge *DefaultUserName* und *DefaultPassword*, sofern diese nicht bereits vorhanden sind.

Achtung, Sicherheitslücke!

Der beschriebene Registry-Tweak bringt angenehmen Komfort, ist aber in Bezug auf die Sicherheit leider nicht ganz ohne. Sie sollten ihn nur verwenden, wenn ausschließlich Sie selbst bzw. absolut vertrauenswürdige Personen Zugang zu Ihrem PC haben. Immerhin reicht es nun, den Einschaltknopf zu betätigen, um Zugang zu sämtlichen Daten zu erlangen. Hinzu kommt noch: Das Kennwort wird in der Registry im Klartext gespeichert. Jeder, der Zugriff auf den PC hat, kann es dort auslesen. Verwenden Sie also keinesfalls ein Passwort, das Sie auch noch für andere wichtige Zwecke wie etwa Onlinebanking einsetzen.

---

3 Tragen Sie bei *DefaultUserName* den Benutzernamen des Kontos ein, das beim Start automatisch angemeldet werden soll. *DefaultPassword* muss als Inhalt dementsprechend das Kennwort dieses Benutzers enthalten.

4 Wichtig: Öffnen Sie nun noch den Eintrag *AutoAdminLogon* per Doppelklick zum Bearbeiten und setzen Sie dessen Wert auf *1*.

Ab dem nächsten Start meldet Vista automatisch ohne Ihr Zutun den hier angegebenen Benutzer an. Wollen Sie doch einmal ein anderes Benutzerkonto verwenden, melden Sie sich in Vista einfach ab. Dann wird der reguläre Anmeldebildschirm angezeigt.

Ordner im Windows-Explorer schneller anzeigen lassen

Vista zeigt bei jeder sich bietenden Gelegenheit die Miniaturansicht von Dateien. Das ist auch keine schlechte Sache, kann aber das Arbeiten ausbremsen.

Wer schon mal umfangreichere Bildordner oder Verzeichnisse mit großen Videodateien geöffnet hat, kennt die Zwangspausen, die man bis zum Anzeigen aller Miniaturansichten ertragen muss.

Neben dem Wechsel der Ansicht zu einer ohne Miniaturansichten (z. B. Details, Liste oder kleine Symbole) können Sie die zeitraubende Miniaturansicht auch ganz deaktivieren.

1 Starten Sie den Windows-Explorer und rufen Sie *Organisieren/Ordner- und Suchoptionen* auf. Wechseln Sie in den Einstellungen in die Rubrik *Ansicht*.

2 Suchen Sie hier in der Liste der Einstellungen etwa in der Mitte die Option *Immer Symbole statt Miniaturansichten anzeigen* aus und aktivieren Sie diese.

3 Klicken Sie unten auf *OK*, um die Einstellung zu aktivieren. Vista zeigt nun in allen Ansichten grundsätzlich nur ein Symbol gemäß dem Dateityp und verzichtet auf die Minivorschau.

Eine Anwendung mittels höherer Priorität schneller laufen lassen

Wenn Sie es mit einem bestimmten Programm mal besonders eilig haben, können Sie die Priorität für diese Anwendung erhöhen. Es wird dann vom System auf Kosten der anderen laufenden Programme und Dienste bevorzugt abgearbeitet. Das bietet sich z. B. für zeitintensive Anwendungen wie Videokodierungen oder aufwendige Grafikberechnungen an.

1 Starten Sie nun zunächst die fragliche Anwendung und rufen Sie dann mit ⟨Strg⟩+⟨Umschalt⟩+⟨Esc⟩ den Task-Manager auf.

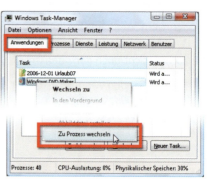

2 Klicken Sie in dessen Rubrik *Anwendungen* mit der rechten Maustaste auf den Eintrag dieser

Software und wählen Sie im Kontextmenü den Befehl *Zu Prozess wechseln*.

3 Der Task-Manager wechselt dann in die Rubrik *Prozesse* und markiert dort automatisch den zur ausgewählten Anwendung gehörenden Prozess. Klicken Sie wiederum mit der rechten Maustaste auf diesen Eintrag.

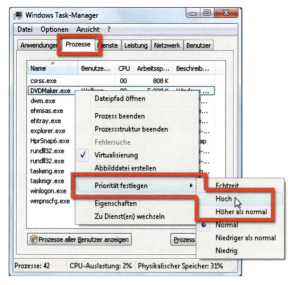

4 Wählen Sie im Kontextmenü *Priorität festlegen* und im Untermenü den Eintrag *Höher als normal* bzw. *Hoch*. Der Eintrag *Echtzeit* ist nicht empfehlenswert, da dann andere Prozesse womöglich gar nicht mehr zum Zuge kommen. Da dies auch wesentliche Systemkomponenten betrifft, kann der PC dadurch instabil werden.

5 Bestätigen Sie die Sicherheitsrückfrage mit einem Klick auf *Priorität ändern*.

3. Startmenü, Desktop & Taskleiste: So arbeiten Sie noch schneller und effektiver mit Vista

Vista bringt mit seinem neuen Desktop zahlreiche Optimierungen und neue Funktionen mit. Aber selbst hier kann es noch besser und schneller gehen, wenn Sie diese Neuerung richtig einsetzen. In diesem Kapitel zeigen wir Ihnen Abkürzungen, Tricks und leicht zu übersehende Funktionen rund um den Desktop, das Startmenü und die Taskleiste mit dem Infobereich.

Rekordverdächtig: Fahren Sie Vista mit zwei Mausklicks herunter

Vista bringt im Startmenü extra einen Ausschaltknopf mit, der geradezu dazu verführt, den Computer mit einem Klick darauf auszuschalten. Wenn Sie es ausprobieren, werden Sie aber leider feststellen, dass Sie den PC damit nur in den Ruhezustand versetzen. Unverständlich, dass Microsoft dies so gelöst hat. Sie können aber nachhelfen und den Ausschaltknopf auch tatsächlich mit dieser Funktion belegen.

1 Öffnen Sie in der Systemsteuerung die *Energieoptionen* und klicken Sie beim aktivierten Energiesparplan auf *Energiespareinstellungen ändern*.

2 Klicken Sie im anschließenden Menü wiederum auf *Erweiterte Energieeinstellungen ändern*.

3 Öffnen Sie in den erweiterten Energieoptionen die Rubrik *Netzschalter und Laptopdeckel* und darin die Unterkategorie *Netzschalter im Startmenü*.

4 Klicken Sie dort auf *Einstellung* und wählen Sie im Auswahlmenü den Punkt *Herunterfahren*.

Ab sofort finden Sie im Startmenü einen roten Ausschaltknopf (sonst eher orange). Dieser beendet alle laufenden Anwendungen und fährt den PC ohne weitere Rückfragen komplett herunter.

Vista per Netzschalter herunterfahren

Bei modernen PCs ist der Schalter vorne am PC kein wirklicher Netzschalter, sondern eine Taste, die sich mit verschiedenen Funktionen belegen lässt. Standardmäßig belegt Vista sie mit der Aktion *Herunterfahren*. Wenn Sie also diesen Schalter betätigen, fährt der PC ganz ordnungsgemäß herunter. Das ist praktisch, wenn z. B. der Bildschirm schon aus ist. Dann können Sie Vista so „blind" herunterfahren. Die Netzschalteraktion können Sie ebenfalls in den erweiterten Energieoptionen kontrollieren und ggf. ändern. Schauen Sie hier unter *Netzschalter und Laptopdeckel/Netzschalter* nach.

Ohne Umweg: im Startmenü direkt die einzelnen Module der Systemsteuerung aufrufen

Die Systemsteuerung ist mit ihrem aufgabenorientierten Ansatz gerade für Windows-Neulinge eine gute Sache. Erfahrene Benutzer, die wissen, welche Einstellungen sich wo verstecken, bevorzugen die klassische Ansicht, die den direkten Zugriff auf die einzelnen Module ermöglicht.

Noch schneller aber geht es, wenn Sie die einzelnen Module der Systemsteuerung direkt im Startmenü verankern. So gelangen Sie mit zwei Mausklicks zu fast jeder Systemeinstellung und -funktion.

1 Klicken Sie mit der rechten Maustaste auf einen freien Bereich der Startleiste und wählen Sie im Kontextmenü *Eigenschaften*.

2 Wechseln Sie im anschließenden Menü in die Rubrik *Startmenü* und klicken Sie dort oben rechts auf *Anpassen*.

3 Lokalisieren Sie in der (alphabetisch sortierten) Liste den Eintrag *Systemsteuerung* und wählen Sie hier die Option *Als Menü anzeigen*.

4 Klicken Sie schließlich zweimal auf die jeweilige *OK*-Schaltfläche.

Wenn Sie nun das Startmenü öffnen und den Mauszeiger auf *Systemsteuerung* bewegen, wird automatisch ein Menü mit den einzelnen Modulen der Systemsteuerung (wie in der klassischen Ansicht) angezeigt. Sie brauchen nur noch das gewünschte Modul anzuklicken und gelangen direkt dorthin.

Machen Sie die wichtigsten Programme immer gleich oben im Startmenü verfügbar

Das Startmenü von Vista passt sich dynamisch an Ihre Gewohnheiten an. Es merkt sich, wie häufig Sie eine Anwendung aufrufen, und blendet im linken unteren Teil des Menüs jeweils die Symbole der Anwendungen ein, die Sie in letzter Zeit am häufigsten benutzt haben.

Allerdings funktioniert das nicht immer so wie gewünscht. Wenn Sie ein Programm zwar regelmäßig, aber eben nicht täglich nutzen, rutscht es schnell aus der Liste raus. Sie können aber nachhelfen und dafür sorgen, dass wichtige Anwendungen oder Programme, die sonst nur in verschachtelten Untermenüs zu erreichen wären, immer ganz oben im Startmenü stehen. Wenn Sie ein solches Programm lokalisiert haben – egal ob im Startmenü oder mit dem Windows-Explorer in seinem Programmordner – klicken Sie mit der rechten Maustaste auf sein Symbol und wählen im Kontextmenü *An Startmenü anheften*.

Wenn Sie nun das Startmenü öffnen, finden Sie diese Anwendung ganz oben unmittelbar unter den Einträgen für Webbrowser und E-Mail-Programm. Es bleibt dort so lange, bis Sie es via Kontextmenü mit *Vom Startmenü lösen* wieder entfernen. Sie können so beliebig viele Anwendungen fest im Startmenü verankern. Allerdings geht der

Platz dafür auf Kosten der dynamischen Liste mit den meistgenutzten Programmen darunter.

Jedes Programm und Dokument ruck, zuck im Startmenü abrufen

Das Suchfeld im Startmenü bietet Ihnen eine schnelle Abkürzung zu allen Programmen und Dokumenten, die über das Startmenü erreichbar sind. Sie bietet sich vor allem dann an, wenn ein Programm irgendwo tief in den Programmgruppen verschachtelt ist und Sie seine Bezeichnung genau kennen. Dann können Sie den Namen direkt im Suchfeld des

Startmenüs eingeben und es dann direkt mit Enter starten. Wir zeigen die Vorgehensweise am Beispiel der Bildschirmlupe.

1 Öffnen Sie das Startmenü. Wenn Sie komplett ohne Maus auskommen wollen, geht das auch mit Strg+Esc. Im Startmenü befindet sich die Einfügemarke automatisch im Suchfeld. Sie können also direkt lostippen.

2 Geben Sie den ersten Buchstaben des Programmnamens (oder auch des Dokuments) ein.

3 In der linken Hälfte des Startmenüs sehen Sie daraufhin eine Liste aller Startmenüeinträge, die diesen Buchstaben enthalten. Die Liste unterteilt sich in *Programme* und *Favoriten und Verlauf*, *Dateien* sowie *Kommunikation* (E-Mails und Webseiten).

4 Oben in der Liste ist der erste passende Eintrag aus der Programmliste automatisch ausgewählt. Somit reicht ein Enter, um dieses Programm zu starten, falls es schon das richtige ist.

5 Oft engt ein Buchstabe die Auswahl schon so weit ein, dass das gesuchte Programm oben in der Liste steht und direkt ausgewählt werden kann. Sie können aber auch einfach weitere Buchstaben eingeben, um die Auswahl weiter einzuschränken, bis

das gewünschte Programm oder Dokument als Schaltfläche direkt über dem Suchfeld angezeigt wird.

6 Nun genügt (Enter), um dieses Programm zu starten.

Zusätzliche Zeitzonen im Infobereich anzeigen

Die Uhrzeitanzeige rechts unten im Infobereich ist schon lange ein praktischer Bestandteil von Windows. Vista bringt aber eine sehr sinnvolle Erweiterung mit, für alle Benutzer, die sich nicht nur für ihre eigene Zeitzone interessieren. Wenn Sie z. B. Kontakt zu Bekannten und Kollegen in der ganzen Welt halten wollen, ist es hilfreich zu wissen, wie spät es bei denen gerade ist. Oder Sie zocken an den internationalen Börsen und müssen stets den Überblick behalten, welcher Handelsplatz wann geöffnet ist. Bei Vista können Sie zu Ihrer eigenen Uhrzeit zwei weitere beliebige Zeitzonen einblenden und sind so immer mit einem Blick im Bilde.

1 Klicken Sie dazu mit der rechten Maustaste auf die Uhrzeit unten rechts im Infobereich und wählen Sie im Kontextmenü *Datum/Uhrzeit ändern*.

2 Wechseln Sie im anschließenden Menü in die Rubrik *Zusätzliche Uhren*. Aktivieren Sie hier die Option *Diese Uhr anzeigen* und wählen Sie die gewünschte Zeitzone aus. Bei *Anzeigenamen eingeben*

können Sie außerdem eine eigene Bezeichnung für diese Zeit festlegen.

3 Für eine dritte Uhrzeit wiederholen Sie diese Einstellungen im unteren Bereich mit einer weiteren Zeitzone.

Bei der Uhrzeit im Infobereich ändert sich dadurch auf den ersten Blick nichts. Wenn Sie allerdings den Mauszeiger über der (lokalen) Uhrzeit verharren lassen, blendet Vista eine kleine Übersicht mit allen Zeitzonen ein. Noch deutlicher bekommen  Sie es mit einem einfachen Klick auf die Uhrzeit. Dann öffnet Vista ein Fenster, in dem Sie neben dem aktuellen Datum und der lokalen Uhrzeit auch die zusätzlichen Zeitzonen optisch ansprechend ablesen können. Ein weiterer Mausklick irgendwohin blendet diese Anzeige wieder aus.

Mehrere Uhrzeiten direkt auf dem Bildschirm

Wollen Sie die Uhrzeiten verschiedener Orte die ganze Zeit im Blickfeld haben, sollten Sie das Uhr-Gadget der Windows-Sidebar verwenden. Das Gadget zeigt zwar immer nur eine Uhrzeit an, aber Sie können beliebig viele Uhr-Gadgets einblenden und jedes mit einer anderen Zeitzone und Bezeichnung versehen. Die Uhren können dann in der Sidebar oder auch beliebig auf dem Bildschirm platziert werden (siehe dazu auch den anschließenden Abschnitt).

Platzieren Sie Gadgets aus der Sidebar beliebig auf dem Bildschirm

Gadgets gehören zur Vista-Sidebar und können nur angezeigt werden, solange diese gestartet ist. Allerdings sind die Gadgets räumlich nicht an die Seitenleiste gebunden. Sie können einzelne Gadgets an beliebiger Stelle auf dem Bildschirm platzieren. Auch wenn der Seitenbereich ausgeblendet (nicht beendet!) wird, bleiben sie dort und funktionieren weiter.

■ Fügen Sie das Gadget, das Sie auf den Bildschirm bringen möchten, zunächst wie üblich in die Sidebar ein. Ergreifen Sie dann dieses Gadget mit der linken Maustaste und ziehen  Sie das Modul mit gedrückter Maustaste aus dem Seitenbereich heraus an die gewünschte Stelle auf dem Desktop. Lassen Sie die Maustaste dort los. Das Gadget wird dann an dieser Stelle verankert. Sollten Sie mit der Position noch nicht zufrieden sein, können Sie das Modul noch beliebig oft erneut greifen und verschieben.

■ Soll nur diese Minianwendung auf dem Bildschirm angezeigt werden, können Sie die eigentliche Seitenleiste mit *Sidebar schließen* vorübergehend unsichtbar machen.

■ Soll das Gadget stets im Vordergrund bleiben und nicht von Anwendungsfenstern verdeckt werden, klicken Sie mit der rechten Maustaste darauf und wählen im Kontextmenü die Option *Immer im Vordergrund*.

■ In diesem Kontextmenü finden Sie auch die Optionen sowie die Möglichkeit, das Gadget mit *Minianwendung schließen* wieder zu entfernen.

Gadgets aus dem Netz manuell installieren

Microsoft bietet als Quelle von Vista-Gadgets die eigene Website an. Allerdings sind solche Minianwendungen gar nicht so schwer zu erstellen und auch andere Anbieter werden eigene Gadgets entwickeln und zum Integrieren in die Sidebar bereitstellen. Wenn diese mit einem eigenen Setup-Assistenten kommen, ist die Installation kein Problem. Steht ein Gadget aber z. B. einfach als ZIP-Archiv zum Download, müssen Sie selbst dafür sorgen, dass die notwendigen Dateien an der richtigen Stelle landen.

1 Entpacken Sie das Archiv, in dem das Gadget gespeichert ist. Es muss einen Ordner enthalten, dessen Name sich aus dem Namen des Gadgets und der Endung *.gadget* zusammensetzt.

2 Sollte Ihr Windows-Explorer nicht bereits so konfiguriert sein, öffnen Sie die *Ordneroptionen* und wählen Sie in der Rubrik *Ansicht* bei *Versteckte Dateien und Ordner* die Option *Alle Dateien und Ordner anzeigen*.

3 Nun können Sie im Windows-Explorer den Ordner *C:\Users\<Ihr Benutzername>\AppData\Local\Microsoft\Windows Sidebar\ Gadgets* öffnen. Sollte Vista nicht auf dem Laufwerk *C:* installiert sein, verwenden Sie den entsprechenden Laufwerkbuchstaben. Kopieren Sie den *.gadget*-Ordner in dieses Verzeichnis.

4 Klicken Sie nun mit der rechten Maustaste auf eine freie Stelle des Seitenbereichs und rufen Sie *Minianwendung hinzufügen* auf.

5 Wählen Sie im anschließenden Dialog ganz oben rechts im Suchfeld *Zuletzt installierte Minianwendungen*. Nun sollte das neu installierte Gadget in der Liste angezeigt werden, sodass Sie es wie üblich auswählen und der Seitenleiste hinzufügen können.

Troubleshooting: Neue Gadgets werden nicht angezeigt?

Wird ein neu installiertes Gadget nicht in der Liste angezeigt, obwohl Sie alles genau richtig gemacht haben, kann das an Sprachschwierigkeiten liegen. Öffnen Sie den Ordner des Gadgets unter \AppData\Local\Microsoft\Windows Sidebar\Gadgets (siehe oben) und kontrollieren Sie, ob darin ein Ordner namens *en-US* oder ähnlich enthalten ist. Benennen Sie diesen in *de-DE*. Das Gadget lernt dadurch zwar nicht Deutsch, sollte anschließend (ggf. nach einem Neustart der Sidebar) aber endlich in der Liste der Minianwendungen auftauchen.

Die lästige Passwortabfrage nach dem Bildschirmschoner abschalten

Wenn Sie die Arbeit am PC nach einer längeren Pause wieder aufnehmen wollen, müssen Sie häufig erneut Ihr Kennwort eingeben. Wenn der Bildschirmschoner zwischenzeitlich aktiv wurde oder der PC gar in den Energiesparmodus gewechselt hatte, werden Sie automatisch zu einer neuen Anmeldung aufgefordert. Dies geschieht aus Sicherheitsgründen, da in Ihrer Abwesenheit sonst jemand unbefugt Zugang zum PC erhalten könnte. Wenn Sie dies aber ausschließen können, z. B. weil der PC sicher bei Ihnen zu Hause steht, lässt sich die erneute Anmeldung vermeiden.

■ Um das Angeben des Kennworts beim Beenden des Bildschirmschoners zu vermeiden, öffnen Sie zunächst in der Systemsteuerung das Modul *Anpassung* und klicken dort auf *Bildschirmschoner*.

Entfernen Sie dann im Bereich *Bildschirmschoner* das Häkchen vor der Option *Anmeldeseite bei Reaktivierung*.

■ Damit Sie auch beim Aufwachen aus dem Energiesparmodus sofort weiterarbeiten können, öffnen Sie die *Energieoptionen* und wechseln dort in die erweiterten Einstellungen des aktiven Energiesparplans. Setzen Sie dort die Einstellung *Zusätzliche Einstellungen/Kennwort bei Reaktivierung* anfordern auf *Nein*.

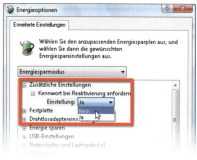

Die klassischen Darstellungsoptionen von XP verstecken sich auch noch in Vista

Frühere Windows-Versionen hatten für die Darstellung zusätzliche Einstellungsdialoge, zum Beispiel um Effekte wie die Kantenglättung zu steuern oder einzelne Darstellungselemente anzupassen. Diese Möglichkeiten sind immer noch vorhanden, haben sich aber gut versteckt. Klicken Sie hierfür unten im Systemsteuerungsmodul *Anpassung* bei *Fensterfarbe und -darstellung* auf den Link

Eigenschaften für klassische Darstellung öffnen, um weitere Optionen anzuzeigen. Sie erhalten dann das gleiche Menü wie in früheren Windows-Versionen, einschließlich der Schaltflächen *Effekte* und *Erweitert*, die zu den entsprechenden Untermenüs führen.

Ihre persönliche Diashow als Bildschirmschoner

Wenn Sie eigene Bilder z. B. vom letzten Urlaub in der Fotogalerie gespeichert haben, können Sie eine Diashow davon als spektakulären Bildschirmschoner einsetzen. Dann wird der Monitor Ihres PCs in Ruhepausen nicht mit irgendwelchem

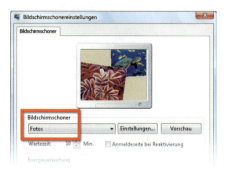

grafischen Schnickschnack verziert, sondern stattdessen können Sie in Erinnerungen schwelgen oder Ihre Kollegen neidisch machen. Der besondere Vorteil von Vista z. B. im Vergleich zu Windows XP: Ihnen stehen dieselben optischen Effekte wie bei jeder Vista-Diashow zur Auswahl. Öffnen Sie die Einstellungen für den Bildschirmschoner und wählen Sie im Bereich *Bildschirmschoner* die Einstellung *Fotos*. In der Standardeinstellung zeigt der Bildschirmschoner nun alle Bilder, die sich in Ihrem Ordner *Eigene Bilder* und dessen Unterverzeichnissen befinden, an. Dazu wählt er jeweils ein zufälliges Diashow-Design. Wollen Sie speziellere Vorgaben machen, klicken Sie auf *Einstellungen*.

■ Wenn Sie ganz bestimmte Bilder für den Bildschirmschoner verwenden möchten, aktivieren Sie im anschließenden Menü ganz oben die Option *Alle Bilder und Videos aus der Fotogalerie verwenden*. Anschließend können Sie bei *Mit dieser Markierung* eine Kategorie angeben, aus der die Bilder entnommen werden sollen. Zusätzlich können Sie die Bewertung einschränken, damit die Diashow nur die besten Bilder anzeigt.

- Alternativ können Sie auch mit *Elemente mit diesen Markierungen nicht anzeigen* bestimmte Bildkategorien ausdrücklich von der Verwendung ausschließen.

- Ganz unten wählen Sie eines der Diashow-Designs aus und können die *Diashowgeschwindigkeit* bestimmen.

- Damit die Bilder nicht immer in derselben Reihenfolge angezeigt werden, aktivieren Sie die Option *Inhalte zufällig anordnen*.

Wenn Sie die Einstellungen mit *Speichern* dauerhaft festlegen, wird als Bildschirmschoner in Zukunft immer eine Diashow mit diesen Vorgaben angezeigt.

Beliebige Windows-Anwendungen per Sprache steuern

Zu den wichtigen neuen Funktionen von Vista gehört die Sprachsteuerung. Das Steuern per Sprachbefehl stößt allerdings dann an seine Grenzen, wenn Schaltflächen und andere Objekte keine klassische Textbeschriftung haben. Das kann bei Anwendungen vorkommen, die z. B. Schaltflächen nur mit grafischen Symbolen versehen. Vor allem aber kommt das bei Webseiten im Browser vor. Auch in solchen Fällen müssen Sie nicht unbedingt zu Maus und Tastatur greifen. Ein spezieller Modus hilft bei der Sprachsteuerung auch ohne Beschriftungen weiter.

1 Sprechen Sie in solchen Fällen den Befehl *Nummern anzeigen*. Achten Sie in diesem Moment auf das Fenster, um die Veränderung zu sehen.

2 Die Sprachsteuerung versieht alle Elemente, die sich im

aktuellen Fenster auswählen und anklicken lassen, mit einer Nummer.

3 Sie brauchen nun nur die Nummer des gewünschten Elements einzusprechen.

4 Die Sprachsteuerung hebt dann das gewünschte Element farbig hervor und versieht es mit dem Text *OK*.

5 Wurden Sie richtig verstanden und das korrekte Element ausgewählt, brauchen Sie nur noch *OK* zu sagen, um es zu betätigen. Die Nummerierung der Fensterelemente wird dann automatisch aufgehoben.

Die nützlichsten Tastenkombinationen für Desktop & Startmenü

Tastenkombination	Funktion
Strg+A	Markieren aller Elemente in einem Dokument oder Fenster
F3	Suchen nach einer Datei oder einem Ordner
Alt+Enter	Anzeigen der Eigenschaften für das ausgewählte Element
Alt+F4	Schließt das aktive Element oder beendet das aktive Programm
Alt+Leertaste	Öffnen des Kontextmenüs für das aktive Fenster
Strg+F4	Schließen des aktiven Dokuments (in Programmen, in denen mehrere Dokumente gleichzeitig geöffnet sein können)
Alt+Tab	Wechseln zwischen geöffneten Elementen

Tastenkombination	Funktion
Strg+Alt+Tab	Verwenden der Pfeiltasten zum Umschalten zwischen geöffneten Elementen
Win+Tab	Umschalten zwischen Programmen mit Flip 3D
Strg+Win+Tab	Verwenden der Pfeiltasten zum Umschalten zwischen Programmen mit Flip 3D
Alt+Esc	Umschalten zwischen Elementen in der Reihenfolge, in der sie geöffnet wurden
F6	Umschalten zwischen Bildschirmelementen in einem Fenster oder auf dem Desktop
F4	Anzeigen der Liste auf der Adressleiste im Windows-Explorer
Umschalt+F10	Anzeigen des Kontextmenüs für das ausgewählte Element
Strg+Esc	Öffnen des Startmenüs
F10	Aktivieren der Menüleiste im aktiven Programm
→	Öffnen des nächsten Menüs rechts vom aktuellen Menü oder Öffnen eines Untermenüs
←	Öffnen des nächsten Menüs links vom aktuellen Menü oder Schließen eines Untermenüs
F5	Aktualisieren des aktiven Fensters
Alt+↑	Anzeigen des Ordners auf der nächsthöheren Ebene im Windows-Explorer
Esc	Abbrechen des aktuellen Tasks
Strg+Umschalt+Esc	Öffnen des Task-Managers

Windows Sidebar

Tastenkombination	Funktion
Win + Leertaste	Anzeigen aller Minianwendungen im Vordergrund und Auswählen der Sidebar
Win + G	Umschalten zwischen Sidebar-Minianwendungen
Tab	Umschalten zwischen Sidebar-Steuerelementen

Schnelle Kombinationen mit der Windows-Taste

Tastenkombination	Funktion
Win	Öffnen oder Schließen des Startmenüs
Win + Untbr	Anzeigen des Dialogfelds *Systemeigenschaften*
Win + D	Anzeigen des Desktops
Win + M	Minimieren aller Fenster
Win + Umschalt + M	Wiederherstellen minimierter Fenster auf dem Desktop
Win + E	Öffnen des Computers
Win + F	Suchen nach einer Datei oder einem Ordner
Strg + Win + F	Suchen nach Computern in einem Netzwerk
Win + L	Sperren des Computers in einem Netzwerk bzw. Wechsel des Benutzers bei einem PC ohne Netzwerk
Win + R	Öffnen des Dialogfelds *Ausführen*
Win + T	Umschalten zwischen Programmen auf der Taskleiste
Win + U	Öffnen des Centers für die erleichterte Bedienung
Win + X	Öffnen des Windows-Mobilitätscenters

4. Kompatibilitätsprobleme? – Nutzen Sie Ihre Hard- und Software auch unter Vista problemlos

Die Umstellung auf ein neues Betriebssystem ist leider immer wieder mit Kompatibilitätsproblemen verbunden. Für die vorhandene Hardware müssen geeignete Treiber gefunden werden und auch Spiele und Anwendungssoftware können Zicken machen. Bei Vista können solche Probleme sogar verstärkt auftreten, da durch Benutzerkontensteuerung, neues Treibermodell und zusätzliche Sicherheitsfunktionen zusätzliche Hürden bestehen. Trotzdem können Sie mit kleinen Tricks und Umwegen fast alle Hard- und Software von Windows XP auch bei Vista uneingeschränkt weiterverwenden.

Hardware unter Vista mit den XP-Treibern weiterverwenden

Die gute Nachricht für alle Besitzer einer umfangreichen Hardwaresammlung: Die meisten Geräte können Sie mit der Treibersoftware von Windows XP auch unter Vista weiterverwenden. Auch ohne spezielle Vista-Treiber kann die Hardware weiterhin genutzt werden.

1 Da der Hardware-Assistent anderweitig keine Treiber für solche Komponenten finden wird, meldet er sich früher oder später und fragt nach, wie er verfahren soll. Wählen Sie dann *Auf dem Computer nach Treibersoftware suchen*.

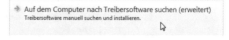

> Auf dem Computer nach Treibersoftware suchen (erweitert)
> Treibersoftware manuell suchen und installieren.

2 Geben Sie dann den Ordner an, in dem sich die XP-Treibersoftware für dieses Gerät befindet. Klicken Sie dann unten rechts auf *Weiter*.

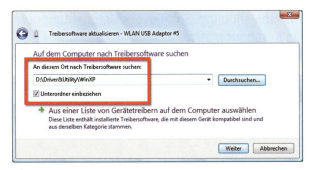

Probleme bei Treibern ohne Vista-Zertifikat

Risiken und Nebenwirkungen sind bei XP-Treibern nicht ausgeschlossen, da sie nun mal nicht ausdrücklich für Vista entwickelt wurden. Insbesondere bei den verschiedenen Stromsparmodi von Vista kann es durch ungeeignete Treiber zu Störungen kommen bzw. bestimmte Modi lassen sich dann nicht nutzen. In solchen Fällen müssen Sie selbst abwägen, ob das Benutzen der Hardware oder das Stromsparen wichtiger ist.

3 Der Assistent durchsucht dann den angegebenen Ordner und ermittelt den in Frage kommenden Treiber. Da dieser allerdings nicht für Vista signiert ist, fragt er nach, ob Sie diese Software tatsächlich verwenden möchten. Bestä-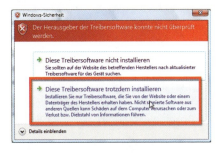
tigen Sie das mit *Diese Treibersoftware trotzdem installieren*.

4 Der Rest der Installation läuft dann vollautomatisch ab. Nach dem Abschluss können Sie das Gerät sofort verwenden.

Hardware-Troubleshooting: So zeigt der Geräte-Manager wirklich alle Komponenten an

Leider zeigt der Geräte-Manager standardmäßig nicht wirklich alle Hardwarekomponenten an. So „vergisst" er z. B. Geräte, für die zwar Treiber installiert sind, die aber momentan nicht an den PC angeschlossen bzw. eingeschaltet sind. Auf die folgende Weise zeigen Sie wirklich alle registrierten Komponenten an.

1 Öffnen Sie in der Systemsteuerung das Modul *System* und klicken Sie dort links in der Navigationsleiste auf *Erweiterte Systemeinstellungen*.

2 Klicken Sie im anschließenden Menü in der Rubrik *Erweitert* ganz unten auf die Schaltfläche *Umgebungsvariablen*.

3 Im dadurch geöffneten Menü klicken Sie wiederum unten im Bereich *Systemvariablen* auf die Schaltfläche *Neu*, um eine neue Systemvariable anzulegen.

4 Geben Sie im nachfolgenden Dialog als *Name der Variablen* die Bezeichnung *devmgr_show_non present_devices* und als *Wert der Variablen* eine *1* an.

5 Klicken Sie dann dreimal auf *OK*, um die neue Variable zu übernehmen. Nun müssen Sie den Geräte-Manager ggf. beenden, neu starten und mit *Ansicht/Ausgeblendete Geräte anzeigen* die erweiterte Anzeige aktivieren.

Leider merkt sich der Geräte-Manager die neue Offenheit nur bis zum Beenden von Vista. Wenn mal wieder Probleme zu lösen sind, müssen Sie diese Schritte deshalb jeweils neu durchführen.

Ressourcenkonflikte bei Hardwarekomponenten auflösen

Konflikte um IRQs und andere Ressourcen sind zum Glück sehr selten geworden. Vista kümmert sich meist effizient um eine reibungslose Verteilung und außerdem sind viele moderne Hardwarekomponenten nicht mehr auf exklusive Ressourcenzuteilung angewiesen. Gerade bei älterer Hardware kann es aber immer noch zu Problemen kommen, die ein manuelles Eingreifen erfordern. Dies ist zum Glück auch unter Vista noch möglich.

1 Starten Sie den Geräte-Manager und lokalisieren Sie die problematische Hardwarekomponente. Sie ist mit einem Warnsymbol deutlich markiert. Öffnen Sie die Eigenschaften dieser Ressource mit einem Doppelklick.

2 In der Rubrik *Allgemein* lesen Sie den Gerätestatus ab, wobei sich meist schon ein deutlicher Hinweis auf das Problem findet.

3 Wechseln Sie dann in die Rubrik *Ressourcen* und schauen Sie ganz unten im Bereich *Gerätekonflikt* nach, welche Ressource und welche weitere Komponente betroffen sind.

4 Tritt der Konflikt trotz automatischer Ressourcenverteilung auf, schalten Sie zunächst die Option *Automatisch konfigurieren* aus.

5 Wählen Sie dann im Bereich *Ressourceneinstellungen* die problematische Ressource aus und klicken Sie auf die Schaltfläche *Einstellung ändern*.

6 Damit öffnen Sie ein zusätzliches Menü, in dem Sie diese Ressourceneinstellung bearbeiten können. Ändern Sie dazu den *Wert* der Ressource so lange, bis im Bereich *Konfliktinformationen* die Meldung *Es liegen keine Gerätekonflikte vor* angezeigt wird.

7 Übernehmen Sie den neuen Wert dann mit zweimal *OK* und starten Sie den PC neu, damit die geänderten Einstellungen für die Hardwarekomponenten in Kraft treten können.

Der PC zickt mit der neuen Treibersoftware? – Holen Sie sich die funktionierende Konfiguration per Rollback zurück

Wenn Sie feststellen, dass die Installation eines Treibers nicht den gewünschten Erfolg bringt oder womöglich zu neuen Problemen führt, können Sie recht einfach zum vorherigen Treiber zurückkehren. Bei jeder Treiberinstallation legt Vista eine Sicherungskopie des alten Treibers an, die Sie jederzeit reaktivieren können.

1 Öffnen Sie die Eigenschaften des betroffenen Gerätes im Geräte-Manager und wechseln Sie dort in die Kategorie *Treiber*.

2 Hier reaktivieren Sie mit der Schaltfläche *Vorheriger Treiber* die Treiberversion, die vor der aktuell installierten verwendet wurde.

3 Der Geräte-Manager entfernt daraufhin den aktuellen Treiber und stellt den vorherigen wieder her.

Vista-Treiber automatisch per Update beziehen und installieren

Vista wird mit ca. 19.500 Treibern für verschiedenste Hardwarekomponenten ausgeliefert. Damit sollte die meiste gängige Hardware abgedeckt sein. Aber selbst wenn ein bestimmtes Gerät aus Ihrem Bestand nicht dabei ist, ist das kein Grund zur Beunruhigung. Per Windows Update stehen nochmals Tausende von Treibern bereit. Diese können bei Bedarf heruntergeladen und installiert werden. Und das Ganze funktioniert sogar vollautomatisch.

1 Wenn sich der Hardware-Assistent nach dem Anschließen oder Einbauen der entsprechenden Komponente auf dem Bildschirm meldet, wählen Sie nun *Treibersoftware suchen und installieren*.

2 Der Assistent schaut danach per Windows Update nach, ob für diese Hardware ein Treiber verfügbar ist. Wenn ja, wird dieser automatisch heruntergeladen und installiert.

3 Anschließend können Sie das Gerät in der Regel sofort uneingeschränkt nutzen.

Probleme mit der Stromversorgung am USB-Anschluss

Einzeln angeschlossen funktionieren Ihre USB-Geräte tadellos, aber sowie Sie ein zweites anschließen, wird das erste sofort abgeschaltet? Das kann bei Geräten ohne eigene Stromversorgung passieren, die ihren Strom vom USB-Anschluss beziehen. Verbrauchen die angeschlossenen Geräte mehr, als der USB-Anschluss liefern kann, wird automatisch einer der Verbraucher abgeschaltet, um die Versorgung der anderen zu gewährleisten. Sie können den Stromverbrauch jederzeit selbst überprüfen:

1 Öffnen Sie über die Systemsteuerung den Geräte-Manager und öffnen Sie in der Liste der Hardwarekomponenten die Kategorie *USB-Controller*. Doppelklicken Sie hier auf den Eintrag *USB-Root-Hub*. Sind mehrere solcher Einträge vorhanden, probieren Sie diese der Reihe nach aus.

2 Wechseln Sie in den Eigenschaften in die Rubrik *Stromversorgung*. Hier finden Sie im Bereich *Hubinformationen* die Angabe, wie viel Strom an den USB-Anschlüssen insgesamt zur Verfügung steht.

3 Darunter finden Sie die Liste der angeschlossenen Geräte und deren momentane Energieaufnahme. So können Sie feststellen, welches USB-Gerät wie viel Strom verbraucht, und ob damit die Gesamtkapazität überschritten wird.

Zu hohen Verbrauch am USB-Anschluss vermeiden

Wenn sich eine zu hohe Leistungsaufnahme als Ursache des Problems herausstellt, gibt es verschiedene Lösungsmöglichkeiten: Probieren Sie alle USB-Anschlüsse und Kombinationen davon aus. Versuchen Sie insbesondere, einen der Stromfresser – soweit vorhanden – an der Gehäusefront und einen hinten am PC anzuschließen, da die Anschlüsse hinten meist eine bessere Stromversorgung haben. Wenn ein USB-Gerät auch mit einer eigenen Stromversorgung betrieben werden kann (Batterie oder Netzteil), verwenden Sie diese. Alternativ sollten Sie sich einen aktiven USB-Hub zulegen. Dieser hat ein eigenes Netzteil und somit eine eigene Stromversorgung für angeschlossene Geräte, die unabhängig von den USB-Anschlüssen im PC ist.

Programme trotz Kompatibilitätsproblemen unter Vista ausführen

Eine der Hürden beim Nutzen von Anwendungen, die nicht unmittelbar für Vista (weiter)entwickelt wurden, ist Microsoft selbst. Damit eventuelle Fehler und Abstürze nicht dem Betriebssystem angekreidet werden können, erkennt Vista Anwendungen mit Kompatibilitätsproblemen automatisch und blockiert deren Ausführung. Das muss aber nicht zwangsläufig heißen, dass Sie die Anwendung gar nicht nutzen können.

1 Wenn Vista sich über Kompatibilitätsprobleme beschwert und ein Programm nicht ausführen will, klicken Sie in diesem Dialog auf die

Schaltfläche *Programm ausführen*. Die Anwendung wird dann trotz Bedenken ganz normal ausgeführt.

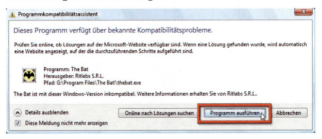

2 Testen Sie nun, ob die Anwendung für Ihre Zwecke ordnungsgemäß funktioniert.

3 Da der Warnhinweis trotzdem jedes Mal angezeigt wird, sollten Sie spätestens beim nächsten

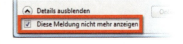

Start die Option *Diese Meldung nicht mehr anzeigen* wählen, bevor Sie den Hinweis mit *Programm ausführen* ignorieren. Dann wird das Programm in Zukunft immer ohne Beschwerdehinweis gestartet.

So vertragen sich auch ältere Programme mit der neuen Vista-Oberfläche

Vor allem der neue Vista-Desktop könnte manchen Anwendungen und Spielen Probleme bereiten. Immerhin hat Microsoft hier wirklich Grundlegendes geändert. Die Aero-Optik ist trotz ihrer Effekte abwärts-kompatibel. Programme, die unter Windows XP gut liefen, sollten also auch unter Vista keine Probleme mit der Darstellung haben. Programme, die um jeden Preis eine eigene Oberflächengestaltung und Bedienlogik durchsetzen wollen, können aber durchaus in Konflikt mit Aero kommen. Für solche Fälle haben Sie die Möglichkeit, den Aero-Desktop für diese Programme zu deaktivieren und zum Basis-Desktop zurückzukehren.

1 Lokalisieren Sie hierzu die Programmdatei der Anwendung in ihrem Installationsverzeichnis bzw. die Verknüpfung zu dieser Datei im Startmenü und wählen Sie im Kontextmenü den Punkt *Eigenschaften*.

2 Wechseln Sie in die Rubrik *Kompatibilität* und schalten Sie hier etwa in der Mitte im Bereich *Einstellungen* die Option *Desktopgestaltung deaktivieren* ein. Klicken Sie unten auf *OK*, um die neue Einstellung zu speichern.

3 Wenn Sie das Programm beim nächsten Mal starten, wird das Farbschema automatisch in Windows Vista-Basis geändert. Ein Infofenster weist Sie auf die Veränderung hin, die aber auch so nicht zu übersehen ist.

4 Wenn Sie das Programm wieder beenden, schaltet Vista kommentarlos wieder auf den gewohnten Aero-Desktop zurück.

Lassen Sie Ihre Programme wie unter Windows XP laufen

Wenn ein Programm unter Windows XP ohne Probleme lief und jetzt unter Vista Zicken macht, können Sie es unter Vista in einem speziellen Kompatibilitätsmodus laufen lassen. Der gaukelt der Anwendung vor, dass sie noch immer unter Windows XP ausgeführt wird. Damit sollten sich auch hartnäckige Kompatibilitätsprobleme beheben lassen.

1 Lokalisieren Sie die Programmdatei der Anwendung in ihrem Installationsverzeichnis. Alternativ können Sie auch die Verknüpfung zu dieser Datei im Startmenü verwenden. Klicken Sie mit der rechten

Maustaste darauf und wählen Sie im Kontextmenü ganz unten den Punkt *Eigenschaften*.

2 Wechseln Sie hier in die Rubrik *Kompatibilität* und aktivieren Sie im Bereich *Kompatibilitätsmodus* die Option *Programm im Kompatibilitätsmodus ausführen für*.

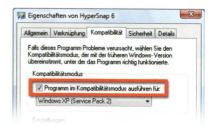

3 Öffnen Sie dann das Auswahlfeld und wählen Sie hier das Betriebssystem, unter dem Sie das Programm zuvor problemlos verwenden konnten, also z. B. *Windows XP (Service Pack 2)*.

4 Klicken Sie dann auf *OK*, um den Kompatibilitätsmodus für dieses Programm zu speichern. Ab dem nächsten Start des Programms wird die Software im Kompatibilitätsmodus ausgeführt. Dieser Modus bezieht sich jeweils nur auf diese eine Anwendung. Alle anderen Programme laufen parallel dazu ganz normal weiter.

Bei Problemen mit der Benutzerkontensteuerung: Lassen Sie Programme mit Administratorrechten ausführen

Ein großer Knackpunkt für Anwendungen und Spiele aus Windows XP-Zeiten oder gar davor dürfte die neue Benutzerkontensteuerung von Vista sein. Sie führt Programme grundsätzlich mit den eingeschränkten Zugriffsrechten eines Standardbenutzers aus. Hält sich die Anwendung nicht an diese Beschränkung und kann mit der Blockade durch das Betriebssystem auch nicht umgehen, sind Fehlermeldungen und Abstürze unvermeidbar. Die Sofortlösung für solche Fälle: Führen Sie solche Programme von vornherein mit Administratorrechten aus, um die Konflikte mit der Benutzerkontensteuerung zu vermeiden.

1 Starten Sie die Anwendung dazu nicht direkt, sondern klicken Sie mit der rechten Maustaste auf deren Symbol bzw. Eintrag im Startmenü und wählen Sie den Befehl *Als Administrator ausführen*.

2 Bestätigen Sie im anschließenden Dialog mit *Zulassen* die Erlaubnis, das Programm als Administrator auszuführen.

3 Die Anwendung arbeitet nun mit den Zugriffsrechten des Administrators, wodurch es keinerlei Probleme in Bezug auf die Benutzerkontensteuerung geben sollte.

Vista-kompatible Software ist besser

Das Ausführen von Programmen mit erhöhten Rechten sollte optimalerweise nur eine vorübergehende Ausnahme sein. Nicht nur ist die ständige Autorisierung umständlich, dieses Vorgehen unterläuft auch das Schutzkonzept der Benutzerkontensteuerung von Vista. Besser ist es deshalb, sich ein Vista-kompatibles Update des Programms zu besorgen oder sich nach einer geeigneten Alternative umzusehen.

Anwendungen bei Zugriffsproblemen automatisch immer mit Administratorrechten ausführen

Wenn ein Programm gar nicht ohne Administratorrechte arbeiten will, ist der Umweg über das Kontextmenü auf Dauer etwas umständlich. In solchen Fällen sollten Sie festlegen, dass diese Anwendung immer als

Administrator gestartet werden soll. Dann können Sie das Programm in Zukunft ganz normal starten. Die Autorisierung bei jedem Start lässt sich so allerdings auch nicht vermeiden.

1 Klicken Sie mit der rechten Maustaste auf das Symbol der Programmdatei bzw. auf die Verknüpfung der Anwendung im Startmenü, wählen Sie dort ganz unten *Eigenschaften* und wechseln Sie dort in die Rubrik *Kompatibilität*.

2 Sofern Sie als Standardbenutzer angemeldet sind, klicken Sie in diesem Menü ganz unten auf *Einstellungen für alle Benutzer anzeigen* und autorisieren den Vorgang mit einem Administratorkennwort. Nur so ist die entscheidende Option zugänglich.

3 Schalten Sie bei *Berechtigungsstufe* die Option *Programm als ein Administrator ausführen* ein und klicken Sie auf *OK*.

Leider erlaubt auch diese Einstellung keine vollautomatische Gewährung der Administratorrechte. Sie können die Anwendung also anschließend wie gewohnt durch einen direkten Klick oder Doppelklick starten. Allerdings müssen Sie den höheren Rechtestatus trotzdem jedes Mal in einem Hinweisfenster autorisieren.

Installierte Anwendungen automatisch reparieren

Vista gibt Ihnen die Möglichkeit, installierte Anwendungen zu reparieren, z. B. wenn Dateien dieses Programms durch einen Systemfehler beschädigt oder durch Unachtsamkeit gelöscht wurden. Einige Programme bringen für solche Fälle eine Reparaturfunktion mit, die überprüft, ob alle benötigten Dateien vorhanden und die wesentlichen Systemeinträge korrekt sind, und Fehler automatisch korrigiert. Leider verfügen nicht alle Anwendungen über diesen Service und Vista kann ihn nur zur Verfügung stellen, wenn er auch verfügbar ist.

1 Wenn Sie in der Softwareliste eine Anwendung auswählen, die eine Reparaturfunktion anbietet, wird in der Symbolleiste automatisch eine *Reparieren*-Schaltfläche eingeblendet.

2 Klicken Sie darauf, um die Reparaturfunktion aufzurufen, und bestätigen Sie den Reparaturvorgang dann mit *Zulassen*.

3 Anschließend startet Vista die Reparaturfunktion dieser Anwendung. Diese läuft in der Regel vollautomatisch ab, sodass Sie nur ein wenig warten müssen, bis sie ihre Aufgabe erfüllt hat.

Spieleprobleme mithilfe des DirectX-Protokolls lösen

Die Vista beiliegende DirectX-Diagnose DxDiag kann die ermittelten Daten in einer Protokolldatei speichern. Wenn Sie sich z. B. an den Support eines Spieleherstellers wenden oder in einem Onlineforum nach Rat suchen, werden Sie häufig genau danach gefragt. Dann können Sie ein aktuelles Protokoll erstellen und z. B. per Mail verschicken. Führen Sie dazu das Programm mit dem Befehl *dxdiag* im Startmenü aus, warten Sie die Systemanalyse ab und klicken Sie im Diagnoseprogramm dann unten auf die Schaltfläche *Alle Informationen speichern*. Sie erhalten eine einfache Textdatei, die alle im Diagnoseprogramm angezeigten

Informationen sowie einige weitere, noch speziellere Daten enthält. Persönliche Daten Ihres Systems sind nicht enthalten.

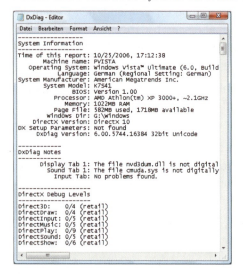

So wird bei mehr als einem Gamecontroller immer der richtige ausgewählt

Dank USB können Sie prinzipiell beliebig viele Joysticks und sonstige Gamecontroller an Ihren PC anschließen. Probleme kann es nur geben, wenn ein Spiel nicht mit zwei oder mehr Controllern gleichzeitig klarkommt und Sie deshalb nicht auswählen können, welche Controller Sie in diesem Spiel verwenden wollen. Für solche Fälle können Sie einen der angeschlossenen Controller als bevorzugtes Gerät festlegen. Spiele, die nur mit einem Gamecontroller umgehen können, sehen dann nur dieses Gerät und verwenden es automatisch.

1 Öffnen Sie in der Systemsteuerung die Gamecontroller-Verwaltung und klicken Sie dort auf die Schaltfläche *Erweitert*.

2 Wählen Sie in der Liste der Gamecontroller das Gerät aus, das von älteren Spielen standardmäßig als Joystick verwendet werden soll. Klicken Sie auf *OK*, um diese Einstellung zu speichern.

Nutzen Sie Ihren klassischen Gameport-Joystick auch unter Vista weiter

Zu den alten Zöpfen, die Microsoft bei Vista abgeschnitten hat, gehört leider auch die Unterstützung für Gameport-Anschlüsse. Gamecontroller lassen sich jetzt nur noch per USB anschließen. Bedeutet dies das Aus für Ihren lieb gewonnenen klassischen Joystick? Nicht unbedingt: Mit einem USB-Gameport-Adapter können Sie viele dieser Produkte weiterverwenden. Dieser Adapter hat einen klassischen 15-poligen Gameport-Anschluss für den Joystick und wird selbst per USB mit dem PC verbunden. Solche USB-Gameports finden Sie im gut sortierten Fachhandel und bei zahlreichen Onlineversendern ab ca. 15 Euro.

Spielspaß ohne Hörsturz: Legen Sie für jedes Programm einen individuellen Lautstärkepegel fest

Bei der Lautstärkeregelung haben sich die Microsoft-Entwickler eine sehr praktische Neuerung einfallen lassen. Vista kann für jedes einzelne Programm oder Spiel eine individuelle Vorgabe für die Lautstärke speichern. So können Sie Unterschiede zwischen verschiedenen Anwendungen und Spielen ausgleichen und erhalten stets dasselbe Lautstärkeniveau. Schmerzhafte Überraschungen aus dem Kopfhörer lassen sich so vermeiden.

1 Die Lautstärkeregelung finden Sie nach wie vor als Symbol im Infobereich rechts in der Startleiste vor. Klicken Sie einfach darauf, um sie anzuzeigen.

2 Windows blendet danach den Schieberegler für die systemweite Lautstärkeeinstellung ein. Hier können Sie mit dem Schieber die Lautstärke für alle Klänge verringern oder anheben. Mit der Schaltfläche unter dem Schieberegler schalten Sie die Soundausgabe ganz stumm.

3 Um die Lautstärkereglung für einzelne Anwendungen anzuzeigen, klicken Sie hingegen mit der rechten Maustaste auf das Symbol im Infobereich und wählen im Untermenü den Befehl *Lautstärkemixer öffnen* oder verwenden den Link *Mixer*.

4 Windows zeigt dann die ausführliche Lautstärkeregelung an. Hier finden Sie ganz links erneut den globalen Systemregler.

5 Rechts daneben werden die Anwendungen aufgeführt, die gerade laufen und über eine Soundausgabe verfügen. Sie haben alle einen eigenen Regler, mit dem sich ihre individuelle Lautstärke anpassen lässt. Diese gewählte Einstellung merkt sich Windows für zukünftige Starts dieses Programms.

5. Herr der Datenberge: smartes Dateimanagement mit Windows-Explorer und dem Vista-Suchindex

Gerade beim Dateimanagement hat sich bei Vista im Vergleich zu seinen Vorgängern sehr viel getan. Nicht nur der Windows-Explorer wurde gründlich überarbeitet. Vor allem der neue Indizierungsdienst, der den Datenbestand automatisch und flott erfasst, erlaubt nicht nur schnelle und erfolgreiche Dateisuchen. Er lässt sich auch an vielen anderen Stellen gewinnbringend einsetzen.

Böse Falle: verräterische Dateiinformationen aus Dokumenten entfernen

Vista erlaubt das Speichern zahlreicher Zusatzinformation zu jedem Dokument. Diese praktische Organisationshilfe hat aber auch Nachteile. So kann es leicht vorkommen, dass beim Weitergeben von Dokumenten vertrauliche Informationen nicht entfernt wurden. Dann kann der Empfänger neben dem eigentlichen Inhalt einer Datei auch gleich Kommentare und Interna des Absenders mitlesen. Bevor Sie Dokumente an andere Personen übergeben oder senden, sollten Sie deshalb sicherstellen, dass keine erweiterten Informationen mehr darin enthalten sind, die andere Personen nicht lesen sollten.

1 Wählen Sie die Datei(en) aus und öffnen Sie im Detailbereich des Windows-Explorer mit der rechten Maustaste das Kontextmenü. Wählen Sie hier den Befehl *Eigenschaften entfernen*.

Alternativ finden Sie in der Rubrik *Details* der Dateieigenschaften die Schaltfläche *Eigenschaften und persönliche Informationen entfernen*.

2 Windows öffnet dann wiederum ein Fenster mit den erweiterten Eigenschaften. Hier finden Sie aber vor jedem Eintrag ein Häkchen. So können Sie angeben, welche Informationen gelöscht werden sollen.

3 Wollen Sie einfach alle erweiterten Informationen aus der Datei entfernen, können Sie unten mit der Schaltfläche *Alle auswählen* bei allen Einträgen Häkchen setzen.

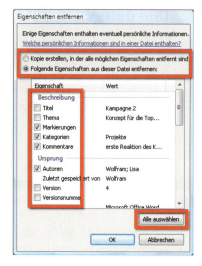

Die Optionen oben im Dialog lassen Ihnen zwei alternative Vorgehensweisen:

- Mit der Option *Folgende Eigenschaften aus dieser Datei entfernen* lassen Sie die Angaben direkt aus der ausgewählten Datei löschen.

- Wollen Sie hingegen eine neue Version der Datei ohne Zusatzinformationen erstellen, wählen Sie die Option *Kopie erstellen, in der alle möglichen Eigenschaften entfernt sind*. Die Löschfunktion belässt dann die Informationen in der Ausgangsdatei und erstellt stattdessen eine Kopie des Dokuments ohne die ausgewählten Angaben. Diese neue Datei wird unter demselben Namen mit dem Zusatz *-Kopie* abgelegt und kann bedenkenlos an andere weitergegeben werden.

Erweiterte Angaben aus vielen Dateien auf einmal entfernen

Beim Bereitstellen von Dateien geht es oft nicht nur um ein Dokument, sondern gleich um mehrere oder auch einen ganzen Ordner. In solchen Fällen müssen Sie nicht alle Dokumente mühsam einzeln säubern. Markieren Sie einfach im Windows-Explorer alle betroffenen Dateien und lassen Sie diese wie beschrieben bereinigen. Der Vorgang läuft genauso ab, nur dass die gewählten Angaben eben aus allen ausgewählten Dateien auf einmal entfernt bzw. entsprechende Kopien erstellt werden.

Mehr Infos, mehr Platz: Passen Sie die Größe des Detailbereichs Ihrem Informationsbedarf an

Der Detailbereich verrät zusätzliche Informationen zu jedem ausgewählten Dokument. Dabei hängt die Menge der Informationen vom verfügbaren Platz im Detailbereich ab. Mal reicht er nicht für alle spannenden Angaben aus, mal wird er mit wenig hilfreichen Details gefüllt. Was auf den ersten Blick nicht offensichtlich ist: Sie können den Detailbereich flexibel an Ihren individuellen Platz- und Informationsbedarf anpassen.

1 Klicken Sie mit der rechten Maustaste auf eine freie Stelle im Detailbereich.

2 Wählen Sie im Kontextmenü des Vorschaubereichs den Eintrag *Größe ändern*, um das Untermenü mit den Größeneinstellungen zu öffnen.

3 Wählen Sie eine der drei Größenstufen *Klein*, *Mittel* oder *Groß*. Diese Einstellung gilt global für alle Ordner und bleibt bestehen, bis Sie die Größe auf die beschriebene Weise erneut anpassen.

Die Größe des Detailbereichs ganz beliebig wählen

Neben den drei Voreinstellungen für die Größe des Detailbereichs können Sie die Anzeige auch ganz flexibel anpassen. Bewegen Sie dazu den Mauszeiger auf die Grenze zwischen Dateiliste und Detailbereich, bis er sich in ein Doppelpfeilsymbol verwandelt. Nun können Sie die Trennlinie mit gedrückter linker Maustaste ergreifen und nach oben oder nach unten an die gewünschte Stelle ziehen. Der Detailbereich wächst bzw. schrumpft dabei automatisch mit.

Retrolook: die vertraute Menüleiste des Windows-Explorer zurückholen

Microsoft hat die klassische Menüleiste in Vista aus dem Windows-Explorer verbannt. Die wichtigsten Funktionen sind dafür in die neue Symbolleiste gewandert. Die Befehle zum Dateimanagement finden Sie mit der *Organisieren*-Schaltfläche. Allerdings lassen sich so eben doch nicht alle Funktionen und Einstellungen erreichen. Deshalb können Sie die althergebrachten Leisten bei Bedarf immer noch wieder hervorholen und wie gewohnt benutzen.

Die Menüzeile bei Bedarf kurzfristig einblenden

Wenn Sie von der Menüleiste nur hin und wieder Gebrauch machen, dürfte es am besten sein, die Menüleiste nur bei Bedarf kurz einzublenden. Drücken Sie dazu einfach die Alt-Taste. Der Windows-Explorer blendet dann die klassische Menüleiste an der gewohnten Stelle ein.

Sie können nun das Menü und darin die gewünschte Funktion auswählen. Auch Untermenüs funktionieren wie gewohnt. Wenn Sie einen Menübefehl per  Mausklick anwählen, führt der Windows-Explorer diese Funktion aus und blendet gleichzeitig die Menüleiste automatisch wieder aus.

Die Menüzeile immer anzeigen

Wenn Sie die Menüleiste häufig nutzen und keinesfalls missen möchten, können Sie diese auch dauerhaft einblenden. Sie verhält sich dann exakt so, wie Sie das von früheren Windows- 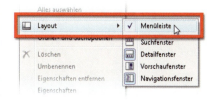 Explorer-Versionen gewohnt waren: Klicken Sie in der Symbolleiste auf das *Organisieren*-Symbol und wählen Sie im Untermenü die Funktion *Layout/Menüleiste*. Der Windows-Explorer blendet die Menüzeile dann dauerhaft oberhalb der Symbolleiste ein.

Vermissen Sie die Aufwärts-Schaltfläche?

Vielleicht haben Sie schon bemerkt, dass dem Windows-Explorer in Vista eine Schaltfläche fehlt, an die sich viele bei Windows XP gewöhnt hatten: Die Aufwärts-Schaltfläche, mit der Sie jeweils ins übergeordnete Verzeichnis gelangen (also von *Eigene Dateien/Dokumente* in *Eigene Dateien*) passte wohl nicht mehr in die neue durchgestylte Oberfläche rein. Stattdessen kann man das übergeordnete Verzeichnis jetzt jederzeit im Adressfeld anklicken. Es geht aber noch schneller und

---

> direkter: Anstelle der nicht mehr vorhandenen Schaltfläche können Sie einfach die Tastenkombination [Alt]+[↑] drücken, um in den nächsthöheren Ordner zu wechseln.

Explorer de Luxe: Dateien ganz bequem durch Häkchen setzen auswählen

Wem das Auswählen mehrerer Dateien wegen der erforderlichen Maus- und/oder Tastaturakrobatik immer schon etwas zu umständlich war, findet bei Vista endlich Abhilfe: Im Windows-Explorer können Sie nun Dateien und Ordner auch bequem per Checkbox markieren. Setzen Sie einfach ein Häkchen bei allen Dateien, die Sie z. B. löschen oder kopieren wollen.

Checkbox im Windows-Explorer aktivieren

Damit Sie die Checkboxen zum Markieren von Dateien verwenden können, muss diese Funktion einmalig aktiviert werden:

1 Öffnen Sie unter *Organisieren* die *Ordner- und Suchoptionen* mit den Windows-Einstellungen für Ordner.

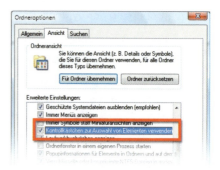

2 Wechseln Sie dort in die Rubrik *Ansicht*.

3 Suchen Sie hier in der Liste der Einstellungen etwa in der Mitte die Option *Kontrollkästchen zur Auswahl von Elementen verwenden* und schalten Sie diese ein.

Dateien per Häkchen auswählen

Haben Sie die Kontrollkästchen im Windows-Explorer aktiviert, können Sie diese Methode jederzeit bei Bedarf anwenden. Sie existiert parallel zu den bereits vorhandenen Möglichkeiten, sodass Sie immer die Vorgehensweise wählen können, die Ihnen gerade am besten passt. Um Dateien per Checkbox auszuwählen, gehen Sie so vor:

1 Bewegen Sie den Mauszeiger auf eine Datei oder einen Ordner.

2 Der Eintrag bzw. das Symbol der Datei wird wie üblich farblich unterlegt. Zusätzlich wird nun aber ein Kästchen angezeigt. Je nach der gewählten Ansichtseinstellung befindet dieses sich rechts bzw. rechts oben neben der Datei.

3 Klicken Sie nun auf das Dateisymbol bzw. auf den Bereich der farblichen Markierung. Dadurch setzen Sie einen Haken in das Kästchen und diese Datei bzw. dieser Ordner gehört nun zur aktuellen Auswahl.

4 Bei weiteren auszuwählenden Dateien sollten Sie nun allerdings nicht irgendwo, sondern genau auf das Kästchen klicken. Nur dann bleibt die bisherige Auswahl erhalten und die neue Datei wird hinzugefügt. Ebenso können Sie mit einem Klick auf ein vorhandenes Häkchen dieses wieder entfernen, um die entsprechende Datei aus der Auswahl herauszunehmen.

Die per Häkchen erstellte Auswahl bleibt so lange erhalten, bis Sie auf das Symbol einer anderen Datei (und nicht deren Checkbox!) oder einen leeren Bereich des Ordners klicken. Dann wird die gesamte Auswahl aufgehoben.

Einen kompletten Ordner auf einmal aus- oder abwählen

Wenn Sie die Checkboxen im Windows-Explorer aktivieren, wird automatisch ein Kontrollkästchen oben links im Bereich mit dem Ordnerinhalt angezeigt. Dieses steuert den Auswahlstatus aller Dateien und Unterverzeichnisse des aktuell geöffneten Ordners. Mit einem Klick darauf setzen Sie ein Häkchen und wählen damit gleichzeitig auch alle Elemente des Ordners aus. Ein weiterer Klick entfernt das Häkchen und hebt damit die Auswahl auf. So können Sie alle Dateien und Ordner in einem Schritt auswählen.

Mehr Übersicht: Dateien in virtuellen Ordnern stapeln

Die neue Stapeln-Funktion des Windows-Explorer unterteilt Dateien wie beim Gruppieren anhand einer bestimmten Eigenschaft. Allerdings verändert sie nicht nur die Dateiansicht, sondern erstellt stattdessen mehrere virtuelle Ordner, wo die Dateien entsprechend dieser Eigenschaft einsortiert werden. Der entscheidende Vorteil: Sie erhalten für jede Dateigruppe einen temporären Ordner. Hier können Sie die Dateien nicht nur betrachten, sondern jeweils weiterbearbeiten, also z. B. innerhalb eines Stapels wiederum sortieren, gruppieren oder anhand weiterer Eigenschaften stapeln. Das folgende Beispiel zeigt, wie Sie durch zweimaliges Stapeln hintereinander eine Dateiliste erhalten, die genau alle Bilddateien (und nur die) umfasst, die einem Ordner in der letzten Woche hinzugefügt wurden:

1 Öffnen Sie den Ordner und klicken Sie auf die Pfeilschaltfläche in der Spalte *Änderungsdatum* bzw. *Erstelldatum*. Wählen Sie im Menü ganz unten den Befehl *Stapeln nach ...*

Die Performance der Stapelfunktion

Die Stapelfunktion basiert auf der Vista-Dateisuche und dem dazu-
gehörenden Suchindex. Das bedeutet, dass Stapeloperationen bei
Ordnern, die von diesem Index erfasst sind, relativ flott ablaufen. Wenn
Sie die Funktion allerdings bei Ordnern außerhalb des Suchindex
oder gar bei Netzlaufwerken verwenden, kann das Aufbereiten der
Ergebnisse jeweils zu einer spürbaren Wartezeit führen, die ein grüner
Fortschrittsbalken im Adressfeld dokumentiert.

2 Der Windows-Explorer präsentiert Ihnen dann die Liste der erstell-
ten Stapel. Hinter jedem Eintrag verbirgt sich ein virtueller Ordner,
den Sie mit einem Doppelklick wie ein herkömmliches Verzeichnis
öffnen können. Wählen Sie hier den Eintrag *Letzte Woche* aus.

3 Dieser Ordner enthält alle Dateien
aus dem ursprünglichen Ordner, die
in der letzten Woche erstellt oder
geändert wurden.

4 Klicken Sie in diesem Ordner wiederum auf die Pfeilschaltfläche in der
Spalte *Typ* und wählen Sie ganz unten den Befehl *Stapeln nach Typ*.

5 Nun erhalten Sie wiederum eine Liste mit Stapeln, wo Sie den virtuellen Ordner *Bitmap-Bild*
per Doppelklick öffnen.

6 Der Windows-Explorer präsentiert Ihnen dann
einen virtuellen Ordner mit den Bilddateien,
die in der letzten Woche erstellt oder geändert
wurden.

> **Stapeln nach Belieben**
>
> Mit umgekehrter Reihenfolge (also erst nach Typ, dann nach Datum stapeln) würden Sie übrigens exakt das gleiche Ergebnis erzielen. Die Abfolge der Stapel spielt für das Ergebnis keine Rolle.

Durch einfaches Filtern nur die neusten Dateien eines Ordners anzeigen

Eine weitere neue Funktion zum leichteren Dateimanagement ist das Filtern eines Ordners. Dabei beschränken Sie die Anzeige auf Dateien mit bestimmten Eigenschaften. So können Sie sich z. B. in einem Ordner nur die enthaltenen Unterverzeichnisse oder nur Dateien eines bestimmten Typs anzeigen lassen. Solche Filter lassen sich kombinieren, sodass der Windows-Explorer Ihnen etwa nur die Textdokumente des heutigen Tages anzeigt. Gerade bei umfangreicheren Ordnern hilft diese Funktion dabei, gesuchte Dateien schnell zu lokalisieren, selbst wenn Sie den Dateinamen gerade nicht parat haben.

1 Öffnen Sie den Ordner, dessen Dateianzeige Sie durch einen Filter einschränken wollen.

2 Wählen Sie die Dateieigenschaft aus, auf der der Anzeigefilter basieren soll, und klicken Sie in deren Spaltentitel auf die Pfeilschaltfläche ganz rechts.

3 Im Menü finden Sie die Werte, die diese Eigenschaft bei den Dateien annimmt. Wählen Sie einen oder mehrere Werte aus. Der Windows-Explorer blendet dann alle Dateien aus, die nicht dieser Vorgabe entsprechen. Diese Dateien werden

selbstverständlich nicht gelöscht, sondern einfach nur vorübergehend versteckt.

Mehrere Anzeigefilter kombinieren

Sie brauchen sich nicht auf einen Filter zu beschränken, sondern können mehrere kombinieren. So können Sie z. B. sowohl *Dateiordner* als
auch *ZIP-komprimierte Ordner* als Filter für den Dateityp verwenden.
Der Explorer zeigt dann nur Objekte dieser beiden Typen an. Ebenso
können Sie Filter für verschiedene Dateieigenschaften miteinander
verbinden. Wenn Sie z. B. bei *Autoren* einen bestimmten Benutzer
wählen und dann in der Spalte *Dateityp* die Einträge *Textdokument*
oder *Word-Dokument*, zeigt Ihnen der Windows-Explorer nur die
Textdokumente dieses Benutzers an.

Dateien anhand des Bearbeitungsdatums anzeigen

Besonders interessant ist der Anzeigefilter für Dateien in Verbindung
mit den Datumseigenschaften von Dateien, wie z. B. *Erstelldatum*,
Änderungsdatum oder *Letzter Zugriff*. Die haben hier sehr flexible
Möglichkeiten zur Auswahl des Filters. So können Sie Tage, Wochen,
Monate, Jahre oder einen beliebigen Zeitraum dazwischen auswählen
und sich nur Dateien anzeigen lassen, die zu diesem Zeitpunkt erstellt
oder bearbeitet wurden.

Klicken Sie auf die Pfeilschaltfläche
der Spalte mit dem Datum, das Sie für den
Anzeigefilter verwenden wollen. Hierfür bietet
sich z. B. das *Änderungsdatum* an, da diese
Spalte meist standardmäßig angezeigt wird
und sowohl neue als auch bearbeitete Dateien
berücksichtigt.

Filter deaktivieren

Um einen Anzeigefilter aufzuheben, den Sie zuvor über die freie Datumswahl festgelegt haben, öffnen Sie das Menü für diesen Filter erneut und entfernen das Häkchen oben links neben *Nach bestimmtem Datum filtern*. Anschließend sollte der Windows-Explorer wieder alle Dateien anzeigen (sofern es keine anderen Filter gibt).

Im Spaltenmenü sehen Sie hier ein Element zur Datumsauswahl, indem der aktuelle Monat ausgewählt und der aktuelle Tag blau markiert ist. Um einen anderen Tag oder Zeitraum auszuwählen, haben Sie verschiedene Möglichkeiten:

■ Um einen anderen Tag auszuwählen, wechseln Sie den Monat sowie ggf. das Jahr und klicken schließlich auf den gewünschten Tag.

■ Um alle Dateien eines Monats anzuzeigen, wechseln Sie zunächst in das Jahr und wählen dort den gewünschten Monat aus.

■ Für alle Dateien eines Jahres klicken Sie zunächst auf den Monat, dann auf das Jahr. In der Jahresauswahl können Sie dann das gewünschte Jahr einstellen.

■ Um alle Dateien einer Woche anzuzeigen, wählen Sie mit der linken Maustaste den ersten und dann mit gedrückter ⌈Umschalt⌉-Taste den letzten Tag dieser Woche.

■ Genauso lassen sich beliebige Zeiträume auswählen: Setzen Sie eine Markierung auf den Beginn und anschließend bei gedrückter ⌈Umschalt⌉-Taste eine zweite auf das Ende des Zeitraums. So wählen Sie den gesamten Zeitraum zwischen diesen beiden Terminen aus.

■ Alternativ stehen Ihnen auch die vom Gruppieren bzw. Stapeln bekannten festen Rubriken für Datumseigenschaften zur Verfügung.

Sie finden sie unterhalb der Datumsauswahl als einfache Einträge. Welche genau angezeigt werden, hängt vom Alter der Dateien im aktuellen Ordner ab.

Um die Auswahl abzuschließen, klicken Sie jeweils einfach neben dem Menü in das Explorer-Fenster. Das Menü wird dann geschlossen und der Windows-Explorer zeigt die gefilterte Dateiliste an.

CDs/DVDs im ISO-Format direkt aus dem Windows-Explorer brennen

DVD-Brennern und entsprechend ausgestatteten PCs liegt meist ein spezielles Brennprogramm (z. B. Nero) bei, mit dem sich alle Arten von CDs und DVDs erstellen lassen. Wollen Sie einfach nur Dateien und Ordner z. B. für eine Sicherung auf eine CD oder DVD kopieren, muss es aber gar nicht so umständlich sein. Das können Sie direkt aus dem Windows-Explorer heraus erledigen.

1 Legen Sie einen leeren CD- bzw. DVD-Rohling in den Brenner ein. Wählen Sie im angezeigten Menü für die *Automatische Wiedergabe* die Funktion *Dateien auf Datenträger brennen*.

2 Geben Sie dann einen Datenträgertitel an und klicken Sie unten links auf *Formatierungsoptionen einblenden*, damit Sie das *Mastered*-Format auswählen können. Mit *Weiter* wird der Rohling für das Beschreiben vorbereitet.

3 Nun können Sie beliebig Dateien auf das Brennerlaufwerk kopieren oder verschieben bzw. direkt dort erstellen. Diese werden zunächst in einem temporären Verzeichnis auf der Festplatte zwischengespeichert. Ihre Möglichkeiten dabei sind vielfältig:

- Sie können die gewünschten Dateien im Windows- Explorer markieren und die *Brennen*-Schaltfläche in der Symbolleiste verwenden.

- Wählen Sie im Kontextmenü einer oder mehrerer ausgewählter Dateien den Befehl *Senden an/CD-Laufwerk*.

- Ziehen Sie markierte Dateien und Ordner auf das Symbol des Brennerlaufwerks im Windows-Explorer. Sie können ebenso Funktionen zum Kopieren und Einfügen von Dateien verwenden.

- Ebenso können Sie den üblichen *Speichern-* bzw. *Speichern unter-* Dialog von Anwendungen verwenden, um Dokumente direkt auf einem Datenträger zu speichern. Wählen Sie dazu das Brennerlaufwerk als Ziel für die Speicherung aus.

4 Haben Sie alle gewünschten Dateien auf das Brennerlaufwerk übertragen, können Sie den eigentlichen Brennvorgang durchführen. Öffnen Sie dazu das Brennerlaufwerk und klicken Sie oben in der Symbolleiste auf die Schaltfläche *Auf Datenträger brennen*.

5 Damit starten Sie den Brennassistenten, in dem Sie eine Aufnahmegeschwindigkeit einstellen, die zum verwendeten Rohling passt und diesen nicht überfordert.

Der Assistent bereitet den Datenträger dann für den Schreibvorgang vor, überträgt die Dateien und finalisiert das Medium anschließend, sodass es auch von anderen Laufwerken gelesen werden kann.

Beliebige Ordner und Laufwerke in den schnellen Vista-Suchindex aufnehmen

Standardmäßig überwacht der Vista-Suchindex für jeden Benutzer dessen eigene Dateien und Einträge im Startmenü. Solange Sie neue Dateien und Ordner konsequent innerhalb von *Eigene Dateien* anlegen, reicht das völlig aus und alle Ihre Dokumente werden automatisch vom Index erfasst. Sie können aber auch Ordner aus anderen Bereichen oder von anderen Laufwerken im Index erfassen.

1 Öffnen Sie in der Systemsteuerung das Modul *Indizierungsoptionen*. Hier finden Sie ganz oben Angaben zum Status des Indexdienstes und zur Anzahl der derzeit indizierten Dateien.

2 Im Bereich *Diese Orte indizieren* können Sie sehen und festlegen, welche Bereiche der Indexdienst berücksichtigt.

3 Mit einem Mausklick auf die *Ändern*-Schaltfläche können Sie die Suchbereiche verändern. Klicken Sie sich dazu im anschließenden Dialog zu den Ordnern durch, die vom Indexdienst berücksichtigt werden sollen, und setzen Sie dort ein Häkchen.

Der entsprechende Ordner wird dann mit in die Liste aufgenommen. Die Indizierung erfolgt dann sowohl für die Dateien im Ordner selbst als auch für den Inhalt sämtlicher Unterordner und deren Ordner.

Mit dem Umfang des Suchindex nicht übertreiben!

Der schnelle Suchindex legt vielleicht die Idee nahe, einfach sämtliche Laufwerke komplett in den Index aufzunehmen. Das ist aber keine gute Idee, denn die Geschwindigkeit des Suchindex hängt von seinem Umfang ab. Je mehr Ordner Sie in die Überwachung aufnehmen, desto länger werden die Antworten beim Suchen dauern. Es empfiehlt sich also, wirklich nur solche Ordner in den Index aufzunehmen, die eigene Dateien enthalten. Keinesfalls sollten Ordner wie *Programme* oder *Windows* überwacht werden. Auch der Platzbedarf und der Aufwand zum Aktualisieren des Index steigt mit dem Umfang.

Eigene Suchanfragen als virtuelle Ordner im Navigationsbereich ablegen

Wenn Ihnen die standardmäßig im Navigationsfenster angezeigten Suchvorgänge nicht genehm oder zu wenig sind, können Sie leicht Abhilfe schaffen und weitere Suchen dort installieren. Dies gilt sowohl für vorgefertigte Suchprofile als auch für Suchvorgänge, die Sie selbst gespeichert haben.

1 Führen Sie die gewünschte Suche durch und klicken Sie dann in der Symbolleiste auf die Schaltfläche *Suche speichern*. Legen Sie diese Suche am besten im Standardordner *Suchvorgänge* ab.

2 Blenden Sie das Navigationsfenster ein, falls es nicht angezeigt wird, und öffnen Sie den Ordner *Suchvorgänge*.

3 Ergreifen Sie die gespeicherte Suche mit der Maustaste und ziehen Sie sie nach links auf das Navigationsfenster. Eine Linie markiert die Position, wo diese Suche eingefügt werden würde.

4 Lassen Sie die Suche an einer passenden Stelle „fallen". Der Windows-Explorer erstellt dann an dieser Stelle des Navigationsfensters eine Verknüpfung mit der gespeicherten Suche. Ab  sofort können Sie diese Suche direkt von hier aus ausführen und den entsprechenden virtuellen Ordner so ganz schnell anzeigen lassen.

Überflüssige Dateien ausfindig machen und löschen

Wenn es auf der Festplatte mit dem Speicherplatz knapp wird, ist es höchste Zeit, ein wenig aufzuräumen. Fast immer finden sich Dateien, die nicht mehr benötigt werden. Vista bringt einen Assistenten mit, der überflüssige Dateien aufspüren und entfernen kann. Dazu durchsucht er die üblichen Verdächtigen wie temporäre Ordner oder den Papierkorb.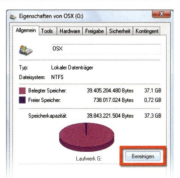

1 Klicken Sie dazu im Windows-Explorer mit der rechten Maustaste auf den Eintrag des aufzuräumenden Laufwerks und wählen Sie hier den Menüpunkt *Eigenschaften*.

2 Im folgenden Menü finden Sie in der Rubrik *Allgemein* die Schaltfläche *Bereinigen*, mit der Sie die Datenträgerbereinigung für dieses Laufwerk starten.

3 Diese überprüft das Laufwerk zunächst und macht dann Vorschläge, welche Dateien gelöscht werden können. Sie finden ganz oben eine Angabe, wie viel Speicherplatz auf dem Laufwerk maximal freigegeben werden kann.

4 Im Bereich *Zu löschende Dateien* sind die zu löschenden Dateiarten aufgeführt. Soll einer der Dateitypen erhalten bleiben, entfernen Sie seine Markierung.

5 Zu jeder Kategorie von Dateien erhalten Sie in der unteren Fensterhälfte jeweils eine kurze Beschreibung. Wenn Sie sich nicht sicher sind, ob Sie die Dateien in einer der Kategorien bedenkenlos löschen dürfen, können Sie sich bei einigen Dateitypen in diesem Bereich mit der *Dateien anzeigen*-Schaltfläche vergewissern.

6 Klicken Sie dann auf *OK* und bestätigen Sie die anschließende Sicherheitsabfrage mit *Ja*, um die Bereinigungsaktion durchzuführen.

Die nützlichsten Tastenkombinationen für den Windows-Explorer

Tastenkombination	Zweck
Ende	Anzeigen des unteren Bereichs des aktiven Fensters
Pos1	Anzeigen des oberen Bereichs des aktiven Fensters
Num+* auf der Zehnertastatur	Anzeigen aller untergeordneten Ordner unter dem ausgewählten Ordner
Num++ auf der Zehnertastatur	Anzeigen des Inhalts des ausgewählten Ordners
Num+- auf der Zehnertastatur	Reduzieren des markierten Ordners
←	Reduzieren der aktuellen Auswahl, falls erweitert, oder Auswählen des übergeordneten Ordners
Alt+←	Anzeigen des vorherigen Ordners
→	Anzeigen der aktuellen Auswahl, falls reduziert, oder Auswählen des ersten Unterordners
Alt+→	Anzeigen des nächsten Ordners
Alt+S	Auswählen der Adressleiste
F4	Anzeigen der Liste auf der Adressleiste im Windows-Explorer
Alt+↑	Anzeigen des Ordners auf der nächsthöheren Ebene im Windows-Explorer

6. Überall sicher online: Internetzugang und WLAN geschützt, komfortabel und flexibel

Im Bereich Netzwerk und Internetzugang bringt Vista viele praktische Verbesserungen mit. So werden Drahtlosverbindungen optimal unterstützt, sodass Vista sich automatisch mit einem WLAN verbinden kann. Stehen mehrere zur Verfügung, können Sie sogar automatisch ein bestimmtes Netz bevorzugen. Dabei lässt sich auch die Sicherheit flexibel und automatisch regeln. Auch die Freigabe von Dateien bietet neue Möglichkeiten, Dateien besonders einfach für andere bereitzustellen oder eben gezielt nur für bestimmte Nutzer freizugeben.

Die Interneteinwahl im Leerlauf automatisch trennen

Standardmäßig trennt Vista hergestellte Verbindungen nicht mehr von allein. Das trägt der Tatsache Rechnung, dass immer mehr Benutzer separate Router verwenden bzw. ihren Zugang mit einer DSL-Flatrate gestalten, wo ein Trennen der Verbindung aus 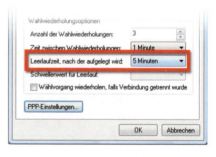 Kostengründen nicht erforderlich ist. Wenn Sie keine Flatrate haben – egal bei welcher Art der Einwahl – können Sie aber eine automatische Trennung im Leerlauf festlegen, um vor unliebsamen Überraschungen sicher zu sein: Öffnen Sie dazu die Einstellungen der Einwählverbindung und legen Sie in der Rubrik *Optionen* bei *Leerlaufzeit, nach der aufgelegt wird* ein passende Zeitspanne fest.

Mobil online: So surfen Sie automatisch im bevorzugten WLAN

Bei Vista können Sie die Zugangsdaten beliebig vieler Drahtlosnetzwerke hinterlegen. Es erkennt automatisch, wenn eines dieser Netzwerke in Reichweite ist, und verbindet sich mit diesem. Was aber, wenn Sie sich in der Reichweite mehrerer Drahtlosnetze befinden? Das kann Ihnen sogar zu Hause passieren, wenn Sie neben Ihrem eigenen WLAN auch das vom Nachbarn oder den Hotspot des Internetcafés um die Ecke finden. Die Lösung: In der Netzwerkliste legen Sie fest, welches Netzwerk Vorrang haben soll. Klicken Sie dazu im Netzwerk- und Freigabecenter in der Navigationsleiste links auf *Drahtlosnetzwerke verwalten*. Damit öffnen Sie die Liste aller Drahtlosnetzwerke, für die Sie Zugangsdaten gespeichert haben.

- Um die Position eines Netzwerks zu verändern, ergreifen Sie es mit der linken Maustaste und ziehen es nach oben oder nach unten an die gewünschte Position. Wenn Sie die Maustaste loslassen, wird es dort eingefügt und alle anderen Einträge in der Liste werden entsprechend umgeordnet.

■ Wenn Sie es nicht so mit der Mausakrobatik haben, können Sie auch mit der rechten Maustaste auf einen Eintrag klicken und im Kontextmenü *Nach oben* bzw. *Nach unten* wählen, bis die gewünschte Position erreicht ist.

Veraltete Drahtloszugänge aus der Liste entfernen

In der Netzwerkliste können Sie auch nicht mehr benötigte Netzwerkzugänge löschen. Wählen Sie dazu einen der Einträge aus und drücken Sie Entf. Alternativ können Sie auch im Kontextmenü des Eintrags den Befehl *Netzwerk entfernen* verwenden.

Ordnen Sie die Drahtlosnetzwerke damit so an, dass die bevorzugten WLANs oberhalb der derjenigen angeordnet sind, die nur in Notfällen bzw. wenn sonst nichts zu erreichen ist, benutzt werden sollen. Wann immer Vista mehrere der eingerichteten WLANs in seiner Reichweite erkennt, wählt es automatisch dasjenige aus, das am höchsten in der Liste steht.

Automatisch zum bevorzugten WLAN wechseln

Interessant für die automatische Auswahl des Drahtlosnetzwerks ist auch die Option *Mit einem verfügbaren bevorzugten Netzwerk verbinden* in den Einstellungen jeder WLAN-Verbindung. Sie sorgt dafür, dass die Verbindung mit dem aktuell gewählten Netzwerk abgebrochen wird, wenn ein anderes WLAN in Reichweite kommt, das eine höhere Position in der Netzwerkliste hat. Das kann dann wichtig sein, wenn Sie z. B. mit einem Notebook in Bewegung sind oder wenn das bevorzugte Netzwerk aufgrund technischer Probleme vorübergehend ausgefallen ist. Diese Option kann deshalb sowohl hilfreich als auch problematisch sein, z. B. als leicht zu übersehende Fehlerquelle („Warum bricht die Verbindung mit dem WLAN plötzlich ab?").

Die Verbindung herstellen, selbst wenn ein vorhandenes WLAN nicht angezeigt wird

Wenn ein vorhandenes WLAN nicht in der Drahtlosnetzwerkliste von Vista angezeigt wird, obwohl es definitiv erreichbar ist, kann das nur an der Konfiguration des Drahtlosnetzwerks liegen. Wenn dieses so eingestellt ist, dass es seine Sendekennung SSID

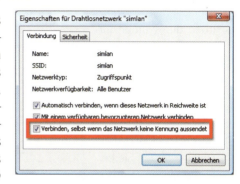

standardmäßig versteckt, antwortet es nicht auf die Kontaktversuche Ihres PCs. In solchen Fällen müssen Sie Ihrem PC die SSID des WLAN fest vorgeben. Nur dann kann er Kontakt zu diesem Drahtlosnetzwerk aufnehmen und auch eine Antwort erhalten. Wählen Sie dazu im Verbindungsassistenten den Punkt *Manuell mit einem Drahtlosnetzwerk verbinden*. Geben Sie dann die Daten des WLAN manuell ein und setzen Sie ganz unten vor der Option *Verbinden, selbst wenn das Netzwerk keine Kennung aussendet* ein Häkchen.

An öffentlichen Hotspots automatisch mit höchster Sicherheit surfen

An vielen Stellen stehen inzwischen schon öffentliche Hotspots bereit, wo Sie z. B. im Internetcafé oder Hotel einen drahtlosen Internetzugang verwenden können. Solche öffentlichen Hotspots sind allerdings nicht ungefährlich in Bezug auf sicherheitsrelevante Einstellungen wie z. B. Dateifreigaben. Vista erlaubt es, solche Onlinezugänge mit einem speziellen Profil zu versehen, das den PC automatisch besonders absichert und solche Sicherheitslücken schließt.

1 Öffnen Sie das Netzwerk- und Freigabecenter und klicken Sie bei den Angaben zum Netzwerk rechts auf *Anpassen*.

2 Hier können Sie ganz oben den Namen für das Netzwerk ändern. Dieser dient aber nur der Verwaltung des Netzwerks und ist für andere nicht sichtbar.

3 Die entscheidende Einstellung finden Sie bei *Standorttyp*. Die Bedeutung der Bezeichnungen bezieht sich nicht auf die Umgebung, in der das Netzwerk eingesetzt werden soll:

- Mit *Öffentlich* können Sie Ihren PC gefahrlos im öffentlichen Raum benutzen, also z. B. in Internetcafés, an WLAN-Hotspots etc. Vista erhöht dann den Firewall-Schutz und deaktiviert Funktionen wie die Netzwerkfreigabe von Dateien und Ordnern, die für Ihre Privatsphäre problematisch sein könnten.

- *Privat* bedeutet hingegen, dass Vista eine weniger restriktive Konfiguration wählt und z. B. die freigegebenen Ordner Ihres PCs für andere Netzwerkteilnehmer sichtbar sind. Diese Option ist weniger sicher und sollte nur gewählt werden, wenn sich Ihr PC z. B. zu Hause in einem überschaubaren Netzwerk befindet.

4 Klicken Sie dann unten auf *Weiter*, warten Sie die Bestätigung der neuen Einstellungen ab und schließen Sie den Dialog.

Sichere Netze auf den ersten Blick erkennen

Sie können sich auch ein anderes Netzwerksymbol wählen. Vista stellt eine Reihe von Symbolen zur Auswahl, die sich gut eignen, um verschiedene Standorte anzuzeigen und so auf den ersten Blick zu erkennen zu geben, ob gerade ein sicheres, privates oder öffentliches Netz verwendet wird. Selbstverständlich können Sie auch ganz eigene Symbole auswählen.

Mehr Akkulaufzeit bei WLAN-Verbindungen mit mobilen PCs

WLAN und tragbare PCs wie Notebooks und Tablet PCs gehen oft Hand in Hand. Bei mobilen PCs spielt die Akkulaufzeit eine wesentliche Rolle und hier kann es bei der Verwendung eines WLAN Probleme geben.

Vista betreibt Drahtlosadapter standardmäßig immer mit maximaler Sendeleistung, um möglichst große Reichweiten und problemlose Verbindungen zu gewährleisten. Die hohe Sendeleistung aber zieht den Akku spürbar schneller leer.

Das ist ärgerlich, denn in vielen Fällen wäre das gar nicht nötig und die WLAN-Verbindung würde mit geringerem Stromverbrauch genauso gut zustande kommen. Deshalb sollten Sie unbedingt ausprobieren, diese Standardeinstellung zu ändern:

1 Öffnen Sie in der Systemsteuerung die Energieoptionen und wählen Sie dort den Energiesparplan, der beim mobilen Einsatz üblicherweise verwendet wird (z. B. *Energiesparmodus*).

2 Klicken Sie bei diesem Eintrag auf *Energiesparplan ändern* und anschließend auf *Erweiterte Energieeinstellungen ändern*.

3 Suchen Sie in der Liste der Einstellungen die Option *Drahtlosadaptereinstellungen/Energiesparmodus* und wählen Sie hier einen Energiesparmodus aus.

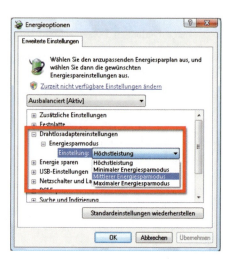

Am meisten Strom sparen Sie mit *Maximaler Energiesparmodus*, aber probieren Sie am besten, ob die WLAN-Verbindung damit immer noch uneingeschränkt genutzt werden kann. Ansonsten testen Sie die anderen Einstellungen.

Lassen Sie Vista Verbindungsprobleme automatisch erkennen und beheben

Bei vernetzten PCs geht leider schnell mal etwas schief. Selbst wenn das Netzwerk perfekt eingerichtet war: Nach dem Umräumen oder dem Austausch eines Gerätes oder Kabels gibt es plötzlich Probleme. Bei der dann anstehenden Fehlersuche können Sie sich von Vista helfen lassen. Die Funktionen zur Diagnose und automatischen Reparatur von Netzwerkproblemen kontrollieren Hardware und Netzwerkkonfiguration und können typische Fehler erkennen und beheben.

■ Die erste Stufe der Diagnose stellt das Netzwerksymbol im Infobereich der Taskleiste dar. Es zeigt, dass eine Verbindung vorhanden ist, und gibt ggf. weitere Informationen. Bestehen Verbindungsprobleme, wird das Symbol mit einem gelben Warnhinweis oder einem roten Defekt-Symbol versehen. So reicht ein Blick in den Infobereich, um den Netzwerkstatus zu erfahren.

■ Sollte die Netzwerkverbindung gestört sein, klicken Sie mit der rechten Maustaste auf das Netzwerksymbol und wählen im Kontextmenü den Befehl *Diagnose und Reparatur*.

■ Damit starten Sie das Netzwerkdiagnosetool, das die Hard- und Softwarekonfiguration dieser Netzwerkverbindung untersucht.

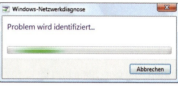

■ Sollte das Programm auf einen Fehler stoßen, setzt es Sie davon in Kenntnis. Je nach Art des Fehlers bietet das Tool Ihnen auch gleich eine Korrektur an oder liefert Ihnen Hinweise, wie das Problem gelöst werden kann.

■ Wenn das Programm keinen Fehler finden kann, heißt das leider nicht, dass keiner vorliegt. Zumindest aber handelt es sich dann um keinen, den Windows selbst erkennen und beheben könnte.

7. Nutzen Sie die Komfort- und Sicherheitsfunktionen von Internet Explorer und Windows Mail für sich

Zu Vista gehört der neue Internet Explorer 7, der eine ganze Reihe von Verbesserungen und zusätzlichen Funktionen mitbringt. Mit Windows Mail ist außerdem der Nachfolger von Outlook Express am Start, der zwar nur einige wenige, aber recht nützliche Neuerungen mitbringt. Vor allem aber, wenn man bei beiden Programmen ein wenig unter die Oberfläche schaut, lassen sich praktische Abkürzungen und Hilfen finden, die den täglichen Umgang damit erleichtern.

So holen Sie sich die klassische Menüleiste dauerhaft zurück

Der Internet Explorer 7 bringt zwar ein durchaus überzeugendes neues Bedienkonzept mit, aber nicht wenige Nutzer trauern der vertrauten Menüleiste nach. Aber keine Angst, die lässt sich durchaus auch dauerhaft wieder reaktivieren und Sie können sie sogar ganz oben an den Fensterrand platzieren, wo sie traditionell hingehört.

Die Menüleiste dauerhaft einblenden

Klicken Sie im Internet Explorer mit der rechten Maustaste auf eine freie Stelle der Symbolleiste und wählen Sie im Untermenü ganz oben *Menüleiste*.

Menüleiste nur kurz bei Bedarf einblenden

Um nur einen einmaligen Befehl über die Menüleiste abzurufen, muss sie nicht dauerhaft eingeblendet werden. Drücken Sie einfach kurz die [Alt]-Taste, um die Menüleiste einzublenden. Wählen Sie dann das Menü und darin den Befehl aus. Dieser wird ausgeführt und die Menüleiste automatisch wieder ausgeblendet.

Die Position der Menüleiste ganz nach oben verschieben

Standardmäßig fügt der Internet Explorer 7 die Menüleiste zwischen der Adressleiste und der Symbolleiste ein. Sie können sie aber auch wie bei älteren IE-Versionen ganz oben im Fenster platzieren.

1 Öffnen Sie mit *regedit* den Registrierungs-Editor und navigieren Sie dort zum Schlüssel *HKEY_CURRENT_USER\Software\Microsoft\ Internet Explorer\Toolbar\WebBrowser*.

2 Erstellen Sie mit *Bearbeiten/Neu/ DWORD-Wert (32-Bit)* danach einen neuen Eintrag mit dem Namen *ITBar 7Position*.

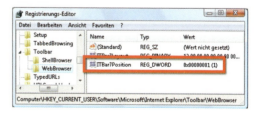

3 Geben Sie diesem Eintrag den Wert *1* und schließen Sie den Registrierungs-Editor.

Nach einem Neustart des Internet Explorer finden Sie die Menüleiste an der vertrauten Stelle vor. (Wenn Sie den Wert für *ITBar7Position* auf *0* ändern, rutscht die Menüleiste wieder nach unten.)

Nehmen Sie jede beliebige Suchhilfe in das Internet Explorer-Suchfeld auf

Das Suchfeld des Internet Explorer lässt sich über eine Webseite von Microsoft um weitere Suchdienste erweitern (*Weitere Anbieter suchen* im Menü des Suchfelds). Allerdings ist die Auswahl eben auf bestimmte Dienste begrenzt. Prinzipiell können Sie aber fast jeden beliebigen Suchdienst in Ihr Suchfeld einbauen.

1 Öffnen Sie den gewünschten Suchdienst im Internet Explorer und geben Sie den Suchbegriff *TEST* (in Großbuchstaben) ein.

Warten Sie auf die Antwort, markieren Sie dann den gesamten Inhalt des Adressfelds und kopieren Sie ihn mit [Strg]+[C].

2 Rufen Sie nun über das Menü des Suchfelds im Internet Explorer mit *Weitere Anbieter suchen* die Microsoft-Website mit den Suchanbietern auf. Hier finden Sie unten rechts ein Formular zum Erstellen eines individuellen Suchanbieters.

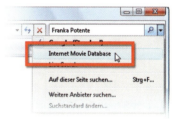

3 Fügen Sie nun im oberen Feld *URL* mit Strg+V die zuvor kopierte Webadresse ein. Im Feld darunter tragen Sie eine Bezeichnung für den Suchdienst ein, die dann im Menü des Suchfelds angezeigt wird. Klicken Sie dann unten auf *Installieren* und bestätigen Sie den Vorgang mit *Anbieter hinzufügen*.

Ab sofort finden Sie diesen Suchdienst im Menü des Suchfelds und können ihn so jederzeit direkt nutzen. Selbstverständlich können Sie ihn auch zum Standardsuchdienst für alle Websuchen machen.

Eine Webseite ganz auf die Schnelle aufrufen

Der schnellste Weg, eine Webadresse im Internet Explorer aufzurufen? Ganz einfach: Öffnen Sie das Startmenü und tippen Sie die Adresse der Seite dort ins Suchfeld. Drücken Sie dann Eingabe und die entsprechende Seite wird im Internet Explorer aufgerufen.

Mehrere Webseiten zusammen als Registerfavoriten speichern und abrufen

Die neuen Registerkarten des Internet Explorer bieten die praktische Möglichkeit, eine komplette Registerkonfiguration als Favorit speichern zu können.

Wenn Sie z. B. jeden Tag immer wieder bestimmte Webseiten permanent im Internet Explorer geöffnet haben, können Sie einen Favoriten anlegen, der genau diese Sammlung von Webseiten in Registerkarten enthält. Beim nächsten Start des Internet Explorer brauchen Sie dann nur diesen Favoriten abzurufen und der Internet Explorer lädt Ihnen alle Ihre benötigten Webseiten wieder in einzelne Register.

1 Um eine Registerkonfiguration als Favoriten zu speichern, öffnen Sie zunächst alle Webseiten, die darin enthalten sein sollen, in eigenen Registerkarten. Stellen Sie also genau die Arbeitsumgebung im Internet Explorer her, die Sie speichern wollen.

2 Klicken Sie dann in der Symbolleiste links auf das Plussymbol zum Hinzufügen eines Favoriten und wählen Sie im dadurch geöffneten Untermenü den Befehl *Registerkartengruppe zu Favoriten hinzufügen*.

3 Der Browser will dann wie üblich einen Namen für den Favoriten haben und Sie können wählen, ob er in einem bestimmten Unterordner erstellt werden soll. Klicken Sie schließlich auf *Hinzufügen*, um den Favoriten zu erstellen.

Als Favoriten gespeicherte Registerkombinationen können Sie wie übliche Favoriten auch über das Favoriten-Menü abrufen. Allerdings gibt es dabei einen kleinen Unterschied zu beachten. Um eine komplette Registerkombination abzurufen, wählen Sie also nicht einen einzelnen Favoriten aus, sondern die gesamte Liste.

1 Klicken Sie auf das Favoriten-Symbol ganz links in der Symbolleiste.

2 Damit blenden Sie die Explorer-Leiste für Favoriten am linken Fensterrand des Internet Explorer ein. Unterordner (bzw. gespeicherte Registerkombinationen) sind hier mit einem speziellen Ordnersymbol gekennzeichnet.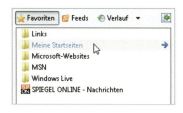

3 Wollen Sie alle Seiten eines Favoriten-Ordners gleichzeitig in Registerkarten öffnen, bewegen Sie den Mauszeiger über dem Eintrag des Ordners nach rechts 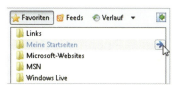 zu der separaten Pfeilschaltfläche und klicken auf diese. Der Internet Explorer öffnet dann alle Webadressen dieses Ordners jeweils in einem separaten Register.

Alle Adressen in einem Favoritenordner überprüfen

Die beschriebene Methode funktioniert nicht nur für Favoriten-Ordner, die Sie ausdrücklich als Registerkartenkombination gespeichert haben. Sie können auch die Webseiten jedes anderen Favoriten-Ordners jederzeit so abrufen, dass sie alle gleichzeitig in Registern geöffnet werden. Das ist z. B. prima, wenn Sie testen wollen, ob in einem Ordner alle Adressen noch aktuell sind. Öffnen Sie einfach den kompletten Ordner in Registerkarten und schauen Sie, ob es in irgendeinem Register eine Fehlermeldung gibt.

Bei jedem Browserstart automatisch Ihre Lieblingsregisterkarten wiederherstellen

Wenn Sie immer mit den gleichen Registerkarten arbeiten, können Sie den Internet Explorer so einstellen, dass er diese Kombination beim Start automatisch wiederherstellt.

1 Stellen Sie im Internet Explorer die gewünschte Kombination von Registerkarten her.

2 Beenden Sie dann den Internet Explorer, z. B. mit [Alt]+[F4] oder über die *X*-Schaltfläche oben rechts.

3 Sind mehrere Register geöffnet, fragt der Browser nach, ob Sie alle Registerkarten schließen möchten. Klicken Sie in diesem Dialog unten links auf *Optionen einblenden.*

4 Aktivieren Sie dann die Option *Beim nächsten Start von Internet Explorer öffnen*. Wählen Sie zusätzlich *Diesen Dialog nicht mehr anzeigen*, verwendet der

Internet Explorer die gewählte Einstellung dauerhaft ohne weitere Rückfragen.

Wenn der Internet Explorer Bilder in Webseiten automatisch verkleinert

Wenn der Internet Explorer ein Bild lädt, das größer als der Inhalt des Browserfensters ist – also nicht komplett angezeigt werden kann – verkleinert er es automatisch, sodass es vollständig ins Fenster passt. Dieses Verhalten ist so beabsichtigt, damit Sie immer das komplette

Bild sehen können, selbst wenn die Darstellungsqualität darunter leidet. Selbstverständlich können Sie das Bild aber auch in der Originalgröße betrachten.

Bewegen Sie dazu den Mauszeiger auf eine beliebige Stelle des verkleinerten Bildes. Er verwandelt sich dann in ein Lupensymbol mit einem Pluszeichen im Lupenring. Wenn Sie nun mit der linken Maustaste in das Bild klicken, wird das Bild in seiner Originalgröße angezeigt.

In diesem Zustand wechselt das Symbol in der Lupe zu einem Minuszeichen. Ein erneuter Klick stellt die verkleinerte Darstellung des Bildes wieder her. Wenn Ihnen das an sich praktische automatische Optimieren der Bildgröße durch den Internet Explorer nicht gefällt, können Sie diese Funktion auch ganz deaktivieren:

1 Starten Sie den Internet Explorer und öffnen Sie mit *Extras/Internetoptionen* seine Einstellungen.

2 Wechseln Sie in die Rubrik *Erweitert* und suchen Sie hier in der Einstellungsliste die Kategorie *Multimedia*.

3 Schalten Sie hier die Option *Automatische Bildgrößenanpassung aktivieren* aus. Dann zeigt der Internet Explorer alle Bilder immer in der Originalgröße.

Die neue weiche Schrift bei Webseiten gefällt nicht? – Deaktivieren Sie ClearType im Internet Explorer

Der Internet Explorer 7 verwendet standardmäßig eine ClearType-Kantenglättung bei den Schriften, mit denen der Inhalt von Webseiten dargestellt wird. Dies soll gerade bei Flachbildschirmen die Lesbarkeit und das Schriftbild verbessern. Allerdings sind viele Benutzer anderer Meinung und können sich nur schwer an das neue, leicht verwaschene Aussehen der Webseiten gewöhnen. Wenn Sie auch zu dieser Gruppe gehören, können Sie die Kantenglättung deaktivieren und wieder zur kernigen Bildschirmschrift zurückkehren.

1 Öffnen Sie mit *Extras/Internetoptionen* die Einstellungen und wechseln Sie dort in die Rubrik *Erweitert*.

2 Entfernen Sie hier in der Liste in der Kategorie *Multimedia* das Häkchen bei *Immer Clear-Type für HTML verwenden* und klicken Sie unten auf *OK*.

3 Wichtig: Der Internet Explorer muss nun einmal beendet und neu gestartet werden, damit die Änderung in Kraft tritt.

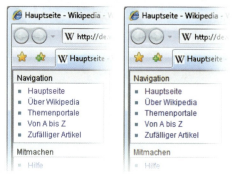

Jeder wie er mag und es besser lesen kann: entweder knackig und ohne Schnickschnack oder mit fein geglätteten Kanten.

Phishingfilter: zweifelhafte Webseiten nur bei Bedarf checken

Die automatische Überprüfung durch den Phishingfilter ist komfortabel, hat aber auch ihre Nachteile. Sicherlich ist es nicht jedem recht, wenn Microsoft Daten über besuchte Webseiten sammelt. Außerdem entsteht zusätzlicher Datenverkehr, was das Surfen verlangsamen und Zusatzkosten verursachen kann. Deshalb empfiehlt es sich, den Phishingfilter nur bei Bedarf einzusetzen.

Dabei können Sie die aktuell angezeigte Webseite jederzeit mit zwei Mausklicks überprüfen, z. B. bevor Sie sich mit Benutzername und Passwort anmelden oder anderweitig persönliche Daten in einem Webformular angeben sollen.

Die automatische Überprüfung abschalten

Damit der Phishingfilter des Internet Explorer 7 nicht mehr ständig von allein tätig wird, müssen Sie ihn auf die manuelle Überprüfung umstellen:

1 Öffnen Sie die *Internetoptionen* und darin die Rubrik *Erweitert*.

2 Wählen Sie hier ganz unten im Bereich *Sicherheit* beim Eintrag *Phishingfilter* die Option *Automatische Websiteprüfung ausschalten*.

3 Übernehmen Sie die Änderung mit *OK* und starten Sie den Internet Explorer anschließend neu, damit die neue Einstellung wirksam wird.

Den Phishingfilter komplett deaktivieren

Mit dieser Einstellung ist der Phishingfilter nicht deaktiviert, sondern nur schlafen gelegt. Bei Bedarf können Sie ihn jederzeit aufwecken und nutzen. Wenn Sie den Phishingfilter komplett abschalten und sein Symbol aus der Statusleiste des Internet Explorer verbannen wollen, wählen Sie stattdessen die Einstellung *Phishingfilter deaktivieren*. Dies empfiehlt sich z. B., wenn Sie ein anderes Produkt zum Schutz gegen Phishingangriffe einsetzen.

Vor dem Anmelden Webseiten manuell auf Phishing überprüfen

Wenn Sie die automatische Überprüfung deaktiviert haben, können Sie jederzeit bei Bedarf eine manuelle Überprüfung der aktuell im Internet Explorer-Fenster angezeigten Webseite vornehmen:

1 Wenn Sie die manuelle Variante des Phishingfilters aktiviert haben, wird in der Statusleiste des Internet Explorer ständig ein Phishingsymbol angezeigt. Bei nicht geprüften Webseiten, deren Status unklar ist, wird es mit einem gelben Warnhinweis versehen.

2 Klicken Sie dann mit der Maus unten in der Statusleiste einfach auf das Phishingsymbol. Damit öffnen Sie ein kleines Menü mit den Befehlen für diese Funktion. Alternativ finden Sie diese Befehle auch in der Menüleiste unter *Extras/Phishingfilter*.

3 Für das Überprüfen der aktuellen Webseite wählen Sie im Menü den Befehl *Diese Website überprüfen*.

4 Bestehen bei der Webseite keine Bedenken, erhalten Sie die Meldung *Diese Website ist keine gemeldete Phishingwebsite*.

Sollte bei der Webseite ein Phishingverdacht bestehen oder es sich sogar definitiv um eine Phishingfalle handeln, wird die Seite nicht geladen und Sie erhalten wie bei der automatischen Überprüfung eine Warnmeldung.

Lassen Sie sich über neue Meldungen in Webfeeds automatisch benachrichtigen

Wenn Sie einen Webfeed als Favoriten speichern, kann der Internet Explorer automatisch in einem einstellbaren Zeitintervall nach Neuigkeiten in diesem Feed suchen und Sie darüber informieren. Dazu können Sie in den Eigenschaften eines als Favoriten gespeicherten Feeds eine Reihe von Einstellungen vornehmen. Öffnen Sie dazu die Feeds-Rubrik in der Favoritenleiste, klicken Sie mit der rechten Maustaste auf den Eintrag des Feeds, dessen Einstellungen Sie verändern wollen, und wählen Sie im Kontextmenü den Befehl *Eigenschaften*.

- Im Menü können Sie ganz oben den Namen ändern, unter dem der Feed in der Favoritenliste angezeigt werden soll.

- Im Bereich *Aktualisierungszeitplan* legen Sie fest, wie oft der Internet Explorer nach neuen Informationen in diesem Feed suchen soll. Hierzu können Sie einen Standardzeitplan für alle Feeds (z. B. stündlich oder täglich) oder aber für jeden Feed einen eigenen *Benutzerdefinierten Zeitplan verwenden*.

- Die Option *Dateianlagen automatisch herunterladen* sorgt dafür, dass der Browser Dateianhänge, die mit einem abonnierten Feed verbreitet werden, automatisch herunterlädt. So liegen sie schon fertig vor, wenn Sie die dazugehörige Meldung lesen.

- Mit den Optionen im Bereich *Archivieren* bestimmen Sie, ob und wie lange Sie die Meldungen eines Feeds aufbewahren möchten. Um alle Beiträge zu archivieren, wählen Sie die Option *Maximale Anzahl Elemente (2500) behalten*. Der Internet Explorer löscht dann erst bei Erreichen der Höchstzahl die ältesten Meldungen, um Platz für neuere zu schaffen. Bei den meisten Feeds reicht es wohl, jeweils immer die letzten X Beiträge aufzubewahren. Wählen Sie dazu die Option *Nur die neuesten Elemente* behalten und geben Sie im Auswahlfeld an, wie groß die Anzahl X sein soll.

Wenn Sie automatische Aktualisierungen eingestellt haben, können Sie in der Feeds-Liste in der Favoritenleiste auf einen Blick erkennen, ob neue Informationen vorliegen: Solche Feeds werden fett gedruckt.

Webseiten mit Hintergrundbildern und -farbe ausdrucken

Standardmäßig verzichtet der Internet Explorer beim Ausdrucken von Webseiten automatisch auf Hintergrundbilder und -farben. Das ist meist auch nicht verkehrt, da sich die gedruckten Seiten so besser lesen lassen. Wenn Sie aber einen guten Farbdrucker haben und eine Webseite

in ihrer ganzen Pracht aus-
geben wollen, geht das mit
einem kleinen Umweg auch.
Öffnen Sie in den *Internetoptionen* die Rubrik *Erweitert*.
Gehen Sie in der Liste der
Einstellungen ganz nach unten. Hier finden Sie in der
Kategorie *Wird gedruckt* die
Option *Hintergrundfarben und
-bilder drucken*. Aktivieren Sie
diese Option. Die Änderung

ist sofort wirksam und gilt ab dem nächsten Druck. Sie bleibt so lange
erhalten, bis Sie die Option wieder deaktivieren.

Lassen Sie Ihre Favoriten permanent im Browserfenster anzeigen

Standardmäßig blendet sich die Favoritenleiste nach Auswahl eines
Favoriten automatisch wieder aus, um Platz für die Darstellung der
Webseite zu machen. Sollte Ihnen das nicht zusagen, können Sie die
Favoritenleiste auch dauerhaft im Browserfenster anzeigen lassen:

1 Blenden Sie die Favoritenleiste mit einem Klick auf die Stern-Schalt-
fläche in der Symbolleiste ein.

2 Klicken Sie dann oben in der Leiste ganz rechts auf den gleichen
Pfeil, der zum linken Fensterrand
hinzeigt.

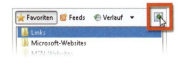

3 Der Internet Explorer richtet die Leiste daraufhin fest am linken Fensterrand ein, sodass sie unabhängig von den angezeigten Webseiten ständig sichtbar ist.

4 Wie viel Platz die Favoritenleiste einnimmt, können Sie zumindest in der Breite beeinflussen: Wenn Sie den Mauszeiger auf die Trennlinie zwischen Favoritenleiste und Webseitenanzeige bewegen, verwandelt er sich in einen horizontalen Doppelpfeil. Ziehen Sie diesen mit gedrückter linker Maustaste hin und her, um die Trennlinie nach rechts oder nach links zu verschieben.

5 Um die Favoritenleiste wieder auszublenden, klicken Sie erneut auf die kleine *x*-Schaltfläche ganz oben rechts in der Leiste.

Lassen Sie Windows Mail nur die neusten E-Mails anzeigen

Bei Windows Mail finden Sie rechts in der Symbolleiste ein neues Auswahlfeld (ggf. müssen Sie es zunächst mit *Ansicht/Layout/Ansichtenleiste* einblenden). Es listet vordefinierte Anzeigefilter auf, die Sie so direkt und ohne Umweg über das *Ansicht*-Menü auswählen können. Standardmäßig finden Sie hier drei Optionen:

■ Mit *Ignorierte/gelesene Nach-richten ausbl.* blenden Sie alle E-Mails aus, die Sie schon gele-sen haben bzw. bei denen Sie festgelegt haben, das Thema zu ignorieren (*Nachricht/The-ma ignorieren*).

■ Die Option *Gelesene Nachrichten ausblenden* lässt alle bereits ge-lesenen Nachricht verschwinden, also alle Nachrichten, die Sie für mindestens einige Sekunden geöffnet hatten. (Die genaue Dauer, ab wann eine Nachricht als gelesen gilt, können Sie mit *Extras/Optionen* in der Rubrik *Lesen* ganz oben einstellen.)

■ *Alle Nachrichten anzeigen* schließlich zeigt alle E-Mails in allen Ordnern unabhängig von ihrem Status an. Dieses ist auch die Standardeinstellung für das Auswahlfeld.

Sollten Sie unter *Ansicht/Aktuelle Ansicht/Ansicht definieren* selbst zusätz-liche Ansichten definiert haben, werden diese ebenfalls im Auswahlmenü angezeigt und können so jederzeit schnell aktiviert werden.

So finden Sie eine bestimmte Nachricht in Windows Mail sofort wieder

So wie andere Vista-Programme hat Windows Mail ein eigenes Suchfeld spendiert bekommen, das Sie im Programmfenster ganz oben rechts finden. Wenn Sie hier

einen Suchbegriff eingeben, durchsucht Windows Mail alle E-Mails im aktuellen Ordner nach diesem Begriff. Dabei berücksichtigt es sowohl den Betreff als auch die Adressinformationen und den eigentlichen Inhalt der Nachrichten. Sie können mit dem Suchfeld also sowohl nach Absendernamen bzw. -adressen suchen als auch nach Schlüsselwörtern in den Betreffzeilen oder im eigentlichen Text.

Geben Sie Ihren Suchbegriff einfach ein und Windows Mail reduziert die angezeigten Nachrichten automatisch auf die E-Mails, in denen der Begriff irgendwo auftaucht.

Um eine Suche wieder zu löschen und alle Nachrichten im Ordner wieder anzeigen zu lassen, drücken Sie im Suchfeld (Esc) oder klicken dort ganz rechts auf das kleine *x*-Symbol.

Starten Sie Windows Mail ohne den überflüssigen Starthinweis schneller

Neben vielen guten Merkmalen hat Microsoft für Windows Mail leider auch eine Unsitte von Outlook Express übernommen: Bei jedem Start wird für kurze Zeit ein Startfenster angezeigt, das keinerlei interessante Informationen enthält, sondern nur ablenkt und Zeit kostet. Allerdings gibt es auch wie bei Outlook Express ein Mittel dagegen, das nur einen kleinen Eingriff in die Windows-Registry erfordert.

1 Starten Sie den Registrierungs-Editor und navigieren Sie zum Schlüssel *HKEY_CURRENT_USER\Software\Microsoft\Windows Mail*.

2 Erstellen Sie hier in der rechten Fensterhälfte mit *Bearbeiten/ Neu/DWORD-Wert (32-Bit)* eine neue Eigenschaft mit dem Namen *NoSplash*.

3 Doppelklicken Sie dann auf diese Eigenschaft und geben Sie Ihr den Wert *1*.

4 Beenden Sie dann den Registrierungs-Editor. Ab dem nächsten Start verzichtet Windows Mail auf sein überflüssiges Startfenster.

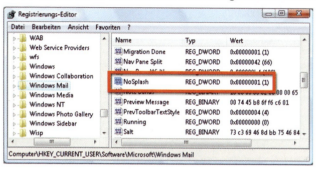

So landen Freunde und Kollegen garantiert nicht im Spam-Ordner

Der Spamfilter von Windows Mail hilft Ihnen mit einer Positivliste, fälschliche Einstufungen bei E-Mails von bekannten Personen zuverlässig zu vermeiden. Kommt eine E-Mail von einer der Adressen aus dieser Liste an, betrachtet der Junk-E-Mail-Filter sie unabhängig vom Inhalt grundsätzlich nicht als Spam. Besonders praktisch: Die in Ihren Kontakten vermerkten E-Mail-Adressen können Sie automatisch auf die sichere Liste setzen lassen.

1 Öffnen Sie mit *Extras/Junk-E-Mail-Optionen* die Einstellungen des Spamfilters und wechseln Sie in die Rubrik *Sichere Absender*.

2 Hier finden Sie eine Liste von E-Mail-Adressen, die als sichere Absender betrachtet werden. Mit *Hinzufügen* können Sie weitere Adressen eingeben.

3 Wichtig sind auch die Optionen am unteren Fensterrand: Mit *Meine Windows-Kontakte sind auch vertrauenswürdige Absender* sorgen

Sie dafür, dass alle in den Windows-Kontakten vermerkten E-Mail-Adressen automatisch als sichere Absender gelten, von denen kein Spam kommen kann.

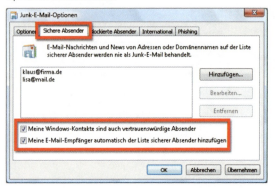

4 Mit der Option *Meine E-Mail-Empfänger automatisch der Liste sicherer Absender hinzufügen* nehmen Sie alle E-Mail-Adressen, an die Sie Nachrichten adressieren, ebenfalls automatisch in die Liste der sicheren Absender auf. Dies gilt dann allerdings auch, wenn Sie z. B. auf eine erhaltene E-Mail antworten.

Nutzen Sie Ihr Webmail-Konto bei Windows Live Mail als Standard-E-Mail-Anwendung

Neben Windows Mail können Sie auch in Vista andere E-Mail-Clients als Standardprogramm nutzen. Zusätzlich steht aber auch das webbasierte Windows Live Mail-Konto zur Auswahl, für das Sie sich kostenlos anmelden können. Das Besondere daran: Trotzdem es ein webbasiertes E-Mail-Konto ist, können Sie es in Vista als Standard-Mailprogramm nutzen. Es ist genauso wie ein „richtiges" E-Mail-Programm in alle Funktionen eingebunden. Nur startet dann eben jeweils der Webbrowser und zeigt die entsprechende Webseite an, mit der Sie z. B. E-Mails verschicken können.

1. Klicken Sie mit der rechten Maustaste auf eine freie Stelle der Startleiste, wählen Sie im Kontextmenü *Eigenschaften* und wechseln Sie im anschließenden Menü in die Rubrik *Startmenü*.

2. Klicken Sie hier oben rechts neben der Option *Startmenü* auf *Anpassen*.

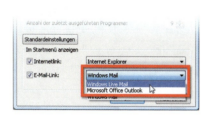

3. Öffnen Sie ganz unten bei *E-Mail-Link* das Auswahlfeld und stellen Sie dort die Option *Windows Live Mail* ein.

Wenn Sie nun das Startmenü öffnen, sehen Sie ganz oben unter dem Eintrag des Internet Explorer jetzt anstelle von Windows Mail einen Link zu Windows Live Mail. Außerdem kommt das Live Mail-Konto automatisch immer dann zum Einsatz, wenn Sie eine E-Mail-Funktion aufrufen. Wann immer in einer Anwendung eine Funktion auf das Standard-E-Mail-Programm zugreift, z. B. um eine Datei als E-Mail-Anhang zu verschicken, öffnet Vista die entsprechende Webseite des Windows Live Mail-Angebots. Haben Sie Live Mail so konfiguriert, dass Sie jeweils automatisch angemeldet werden, ist der Komfort genauso wie bei einem klassischen E-Mail-Programm.

Die besten Tastenkombinationen für den Internet Explorer

Tastenkombination	Funktion
F11	Zwischen Vollbild und Standardansicht des Browserfensters wechseln
Alt + Pos1	Zur Startseite wechseln

Tastenkombination	Funktion
Alt + →	Zur nächsten Seite wechseln
Alt + ← oder Rück	Zur vorherigen Seite wechseln
Pos1	Zum Dokumentanfang wechseln
Ende	Zum Dokumentende wechseln
Strg + F	Text auf der aktuellen Seite suchen
F5	Die aktuelle Webseite aktualisieren
Esc	Den Download einer Seite abbrechen
Strg + O	Eine neue Website oder Seite öffnen
Strg + N	Ein neues Fenster öffnen
Strg + S	Die aktuelle Seite speichern
Strg + P	Die aktuelle Seite oder den aktiven Frame drucken
Strg + I	Favoriten öffnen
Strg + H	Verlauf öffnen
Strg + J	Feeds öffnen
Strg + Mausklick	Öffnen von Links in einer neuen Registerkarte im Hintergrund
Strg + Umschalt + Mausklick	Öffnen von Links in einer neuen Registerkarte im Vordergrund
Strg + T	Öffnen einer neuen Registerkarte im Vordergrund
Strg + Tab oder Strg + Umschalt + Tab	Umschalten zwischen Registerkarten
Strg + W	Die aktuelle Registerkarte schließen (oder das aktuelle Fenster, wenn das Browsen mit Registerkarten deaktiviert ist)
Alt + Enter	Öffnen einer neuen Registerkarte im Vordergrund aus der Adressleiste heraus
Strg + n (wobei n eine Zahl zwischen 1 und 8 ist)	Direkter Wechsel zu einer bestimmten Registerkarte

Tastenkombination	Funktion
Strg+9	Wechseln zur vorherigen Registerkarte
Strg+Alt+F4	Schließen der anderen Registerkarten
Strg+Q	Schnelle Registerkarten (Miniaturansicht) ein- und ausschalten
Strg++	Zoomfaktor erhöhen (+ 10 %)
Strg+-	Zoomfaktor verringern (– 10 %)
Strg+0	Zoom auf 100 %
Strg+E	Zum Suchfeld wechseln
Alt+Enter	Die Suchabfrage auf einer neuen Registerkarte öffnen
Alt+P	Druckoptionen festlegen und Seite drucken
Alt+D	Text in der Adressleiste markieren
F4	Eine Liste mit bereits eingegebenen Adressen anzeigen
Strg+←	Den Cursor in der Adressleiste nach links bis zur nächsten logischen Unterbrechung in der Adresse (Punkt oder Schrägstrich) verschieben
Strg+→	Den Cursor in der Adressleiste nach rechts bis zur nächsten logischen Unterbrechung in der Adresse (Punkt oder Schrägstrich) verschieben
Strg+Enter	*.www* am Anfang und *.com* am Ende des auf der Adressleiste eingegebenen Textes hinzufügen
Strg+D	Die aktuelle Seite Ihren Favoriten hinzufügen

Die Internetverbindung läuft plötzlich nicht mehr? – Helfen Sie ihr mit einem Reset auf die Sprünge

Ein oftmals wirkungsvolles Mittel, Netzwerkprobleme zu lösen – insbesondere bei Verbindungen, die ohne einschneidende Hardwareänderungen plötzlich nicht mehr funktionieren – ist das Zurücksetzen der

Verbindung. Gerade in Verbindung mit DHCP-Servern lassen sich damit oft Schwierigkeiten einfach aus dem Weg räumen. Durch das Zurücksetzen synchronisiert sich der Rechner neu mit dem Server und holt sich erneut die aktuellen Netzwerkparameter.

1 Klicken Sie im Netzwerk- und Freigabecenter auf *Netzwerkverbindungen verwalten* und wählen Sie die fragliche Verbindung aus. Klicken Sie dann oben in der Symbolleiste auf die Schaltfläche *Verbindung untersuchen*.

2 Die Netzwerkdiagnose stellt danach entweder ein behebbares Problem fest oder teilt mit, dass es keine Probleme erkennen kann. In diesem Fall bietet sie Ihnen  als Alternative an, den Netzwerkadapter zurückzusetzen.

3 Klicken Sie dazu auf *Den Netzwerkadapter ... zurücksetzen* und bestätigen Sie die Rückfrage der Windows-Sicherheit mit *Fortsetzen*.

4 Das Programm setzt dann alle Einstellungen der Netzwerkverbindung zurück.

Anschließend befindet sich die Verbindung im gleichen Zustand wie unmittelbar nach dem Einschalten des PCs. Erfolgt die Netzwerkkonfiguration über einen DHCP-Server, holt sich der Rechner neue Konfigurationsdaten von dort ab. Hat alles geklappt, erhalten Sie anschließend eine Erfolgsmeldung über die Lösung des Problems.

Dateien ganz einfach für alle Benutzer des PCs und im Netzwerk bereitstellen

Vista bringt einen öffentlichen Ordner mit, auf den alle Benutzer des PCs unabhängig von ihrem Benutzerkonto Zugriff haben. Das Freigeben von Dateien und Ordnern beschränkt sich dann darauf, diese in den öffentlichen Ordner zu kopieren bzw. zu verschieben. Viel einfacher geht es kaum.Zusätzlich können Sie den öffentlichen Ordner für andere Teilnehmer des lokalen Netzwerks zugänglich machen. Legen Sie dazu im Netzwerk- und Freigabecenter fest, ob der öffentliche Ordner freigegeben werden soll und welchen Zugriff die Benutzer darauf haben sollen:

- Sollen die Netzwerkteilnehmer die Dateien nur öffnen und lesen dürfen, wählen Sie die Option *Freigabe einschalten, sodass jeder Benutzer mit Netzwerkzugriff Dateien öffnen kann*.

- Für den Vollzugriff wählen Sie *Freigabe einschalten, sodass jeder Benutzer mit Netzwerkzugriff Dateien öffnen, ändern und erstellen kann*. Allerdings dürfen Netzwerkteilnehmer dann dort z. B. auch Dateien löschen.

■ Wollen Sie keinen Netzwerkzugriff auf den öffentlichen Ordner erlauben, entscheiden Sie sich für *Freigabe ausschalten*. Dann steht der öffentliche Ordner nur lokalen Benutzern zur Verfügung.

Netzwerkfreigaben: einzelne Ordner nur für ausgewählte Benutzer freigeben

Alternativ zum pauschalen Freigeben des öffentlichen Ordners können Sie auch bei Vista gezielt einzelne Ordner für bestimmte Benutzer freigeben. Diese Ordner können sich an beliebiger Stelle des Dateisystems befinden.

1 Um einen Ordner freizugeben, wählen Sie ihn im Windows-Explorer aus und klicken dann oben in der Symbolleiste auf die *Freigeben*-Schaltfläche.

2 Damit öffnen Sie den Dateifreigabedialog, wo Sie entscheiden können, wer welche Zugriffsrechte für diesen Ordner haben soll. Hier sind zunächst nur Sie selbst als Besitzer eingetragen. Wenn Sie den Ordner so freigeben, haben Sie selbst von einem anderen PC im lokalen Netzwerk Zugriff darauf, aber sonst niemand.

3 Um einem anderen Benutzer den Zugriff zu erlauben, wählen Sie ihn oben aus. Er kann mit dieser Freigabe dann sowohl an diesem PC als auch an anderen PCs im lokalen Netzwerk auf diesen Ordner  zugreifen. Mit der Einstellung *Jeder* erfassen Sie gleich alle lokalen Benutzer dieses PCs. Übernehmen Sie den gewählten Benutzer mit *Hinzufügen* in die Liste darunter.

4 Haben Sie einen Benutzer in die Liste eingeordnet, können Sie noch festlegen, welche Zugriffsrechte er auf diesen Ordner haben soll. Klicken Sie dazu rechts in der Spalte *Berechtigungsebene* auf den aktuellen Status:

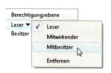

- Ein *Leser* kann die Dateien im Ordner nur öffnen und lesen, aber nicht verändern.

- Ein *Mitwirkender* darf Dokumente bearbeiten und speichern.

- in *Mitbesitzer* hat darüber hinaus das Recht, die Eigenschaften von Ordnern und Dateien zu verändern.

- Mit *Entfernen* löschen Sie einen Benutzer wieder aus der Liste der Zugriffsberechtigten.

Haben Sie die Einstellungen vorgenommen, klicken Sie unten auf die *Freigabe*-Schaltfläche, um die Freigabedaten zu aktualisieren.

Dateien und Ordner genau wie bei Windows XP freigeben

Falls Sie sich mit den neuen Freigabevarianten von Vista nicht anfreunden können, steht Ihnen weiterhin die bereits von Windows XP bekannte Funktion zur Freigabe zur Verfügung. Öffnen Sie dazu die Eigenschaften des freizugebenden Ordners, z. B. indem Sie mit der rechten Maustaste darauf klicken und im Kontextmenü *Eigenschaften* wählen. Öffnen Sie im Menü die Rubrik *Freigabe* und klicken Sie

dort auf die Schaltfläche *Erweiterte Freigabe*. Das damit geöffnete Menü entspricht genau der Freigabefunktion von Windows XP.

Schnelle Übersicht: Diese Dateien und Ordner sind für andere einsehbar

Freigaben für Ordner sind schnell erteilt, aber nicht immer denkt man daran, sie auch wieder  zurückzunehmen, wenn sie nicht mehr gebraucht werden. So kann sich im Lauf der Zeit einiges an Freigaben ansammeln, was den Netzwerk-zugriff verlangsamen kann, vor allem aber auch ein Sicherheitrisiko ist. Bei Vista können Sie sich jederzeit schnell davon überzeugen, welche Ressourcen gerade freigegeben sind, und diese dann ggf. auch gleich wieder zurücknehmen. Öffnen Sie dazu das Netzwerk- und Freigabe-center und klicken Sie hier ganz unten auf den Link *Alle freigegebenen Netzwerkordner dieses Computers anzeigen*. Vista öffnet daraufhin den Windows-Explorer und zeigt Ihnen eine Übersicht aller Ressourcen an, die Sie derzeit freigegeben haben. Sie können also auch direkt darauf zugreifen, um die Inhalte einzusehen. Über die rechte Maustaste können Sie auch die Eigenschaften der freigegebenen Ordner bearbeiten und so die Freigaben zurücknehmen, wenn sie nicht mehr benötigt werden.

Freigegebene Ordner vor neugierigen Blicken verstecken

Vista bietet Ihnen umfangreiche Möglichkeiten, die Zugriffsrechte für Netzwerkordner detailliert einzustellen. So können Sie genau festlegen, wer wie darauf zugreifen darf. Gerade bei komplizierten Konstellationen können diese Einstellungen aber etwas umständlich sein. Glücklicher-weise funktioniert ein Trick aus alten Windows-Zeiten nach wie vor: Sie können einen freigegebenen Ordner verstecken, sodass er nicht in der Netzwerkübersicht angezeigt wird.

Diese Methode funktioniert nur bei der klassischen Freigabe (siehe S. 133). Ergänzen Sie hier den Freigabenamen um das Zeichen *$*, also z. B. *Videos$* anstelle von *Videos*. Das war es schon. Dieses Sonder-

zeichen sorgt dafür, dass Windows (in allen Versionen) diesen Ordner nicht in der Netzwerkübersicht anzeigt. Dadurch ist er, unabhängig von den Zugriffsrechten, nicht ohne Weiteres erreichbar. Er kann dann nur über die Eingabe des kompletten Netzwerkpfads (also z. B. *MeinPC*\ *Videos$*) etwa im Adressfeld des Windows-Explorer angesteuert werden. Diesen kompletten Pfad kennen aber nur Sie bzw. die Benutzer, denen Sie diese Information mitgeteilt haben. So können Sie den Zugriff auf diesen Ordner ganz einfach regeln.

8. Sicherheit und Stabilität: Drehen Sie an den versteckten Rädchen Ihres Vista-Systems

Wie jedes Betriebssystem hat auch Vista eine scheinbar unendliche Anzahl von Einstellungen und Parametern, an denen sich drehen lässt. Nun ist nicht jede dieser Änderungen für jeden Benutzer sinnvoll. In diesem Kapitel haben wir aber einige Systemeinstellungen und -werkzeuge zusammengestellt, die für die meisten Nutzer früher oder später interessant und hilfreich sein dürften. Dabei liegt der Schwerpunkt vor allem auf der Systemsicherheit und dem Umgang mit Störungen und Problemen.

Volle Kontrolle: Holen Sie sich den Windows-Task-Manager zurück

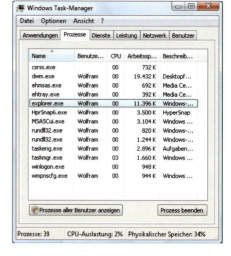

Als Benutzer von Windows XP oder früherer Windows-Versionen ist einem die Tastenkombination [Strg]+[Alt]+[Entf] schon in Fleisch und Blut übergegangen. Wann immer es nötig war, ließ sich damit der Task-Manager auf den Bildschirm rufen, um z. B. störrische Anwendungen aus dem Speicher zu entladen.

Bei Vista ist es nicht mehr ganz so einfach, da Sie mit

dieser Tastenkombination zunächst auf der Abmeldeseite landen, wo Sie *Task-Manager starten* als eine von mehreren Möglichkeiten auswählen können. Die einfache Lösung lautet: Strg+Umschalt+Esc. Diese Kombination (die übrigens auch bei Windows XP schon funktionierte) holt den Task-Manager wieder direkt auf den Bildschirm.

Die lästigen Mahnungen von Benutzerkontensteuerung und Sicherheitscenter deaktivieren

Bei Vista wird Sicherheit groß geschrieben. Das führt dazu, dass der Benutzer immer wieder mit Hinweisen und Rückfragen eingedeckt wird, selbst wenn es nur um eher harmlose Aktionen und Einstellungen geht. Für Einsteiger und PC-Laien mag das eine sinnvolle Hilfe sein. Gerade etwas erfahrenere Benutzer fühlen sich dadurch schnell irritiert und gegängelt. Wenn Sie auch dazu gehören, zeigen wir Ihnen, wie Sie die Hinweise von Benutzerkontensteuerung und Sicherheitscenter minimieren und wieder ungestört mit Ihrem PC arbeiten können.

Weniger Hinweise – weniger Sicherheit

Berücksichtigen Sie bei den folgenden Einstellungen bitte, dass alle Optionen standardmäßig besonders sicher sind. Änderungen daran machen Ihren PC also möglicherweise komfortabler, aber eben auch etwas unsicherer. Sie sollten sie deshalb nur ausführen, wenn Sie sicher sind, die entsprechende Risiken im Griff zu haben.

Die Rückfrageflut der Benutzerkontensteuerung eindämmen

Gerade die Benutzerkontensteuerung deckt die Anwender unter Umständen mit reichlich Hinweisen und Rückfragen ein. Wenn Vista nach der Installation grundlegend eingerichtet und angepasst werden soll, ploppen die Hinweisfenster teilweise im Zehn-Sekunden-Takt auf. Aber auch später rufen verschiedene Aktionen immer wieder eine Rückfrage des Systems hervor.

1 Starten Sie den Registrierungs-Editor und navigieren Sie zum Schlüssel *HKEY_LOCAL_MACHINE\SOFTWARE\Microsoft\Windows\ CurrentVersion\Policies\System*.

2 Dieser Schlüssel enthält rechts eine Reihe von Einstellungen, mit denen Sie das Verhalten der Benutzerkontensteuerung beeinflussen können.

3 Mit der Einstellung *ConsentPromptBehaviorAdmin* können Sie Administratorbenutzer von Warnhinweisen und Bestätigungen verschonen. Setzen Sie den Wert dazu auf *0*.

In diesem Fall gelten eventuelle Rückfragen automatisch als bestätigt. Eine Anwendung, die höhere Rechte einfordert, bekommt diese also automatisch und ohne Rückfrage zugeteilt.

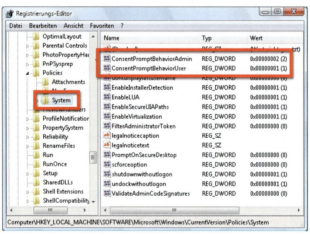

4 Auch für die Standardbenutzer lässt sich das Verhalten der Benutzerkontensteuerung einstellen. Mit der Einstellung *ConsentPrompt
BehaviorUser* auf *0* wird Programmen die Bitte nach höheren Rechten stillschweigend verweigert.

Diese Option bietet sich für unerfahrene Standardbenutzer an, die
keinesfalls irgendwelche Änderungen an der Systemkonfiguration
vornehmen sollen und die durch die Rückfragen der Benutzerkontensteuerung nur unnötig verwirrt würden.

Das Sicherheitscenter zum Schweigen bringen

Das Sicherheitscenter überwacht verschiedene sicherheitsrelevante Komponenten
und beschwert sich umge-
hend und dauerhaft, wenn
etwas seiner Meinung nach
nicht stimmt. Wenn Sie alternative Schutzprogramme

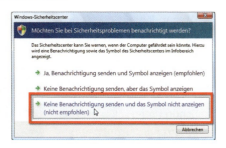

einsetzen und diese selbst im Auge behalten, ist das unnötig und lästig.
In diesem Fall müssen Sie im Sicherheitscenter jeweils für die fragliche
Funktion einstellen, dass sie nicht überwacht werden soll.

Sie können das Sicherheitscenter aber auch pauschal zum Schweigen
bringen, wenn die Hinweise für Sie eher lästig als hilfreich sind: Klicken
Sie im Sicherheitscenter links auf *Die Sicherheitscenter-Benachrichtigungs-
methode ändern*. Wählen Sie dann die Option *Keine Benachrichtigung
senden und das Symbol nicht anzeigen*.

Hilfe für den Notfall: So aktivieren Sie die Vista-Starthilfe

Was tun, wenn sich das System aufgrund eines schwerwiegenden Fehlers gar nicht mehr starten lässt. In diesem Fall bringt Vista eine Starthilfe mit, die Sie von der Installations-DVD aus aktivieren können. Sie erlaubt es, die vorhandene Vista-Installation zu reparieren oder eine Systemwiederherstellung durchzuführen.

1 Legen Sie die Vista-Installations-DVD ein und starten Sie den PC neu. Wenn die Startpartition beschädigt ist, sollte er ohnehin von der DVD starten. Andernfalls müssen Sie ggf. mithilfe des BIOS dafür sorgen, dass der Rechner von der DVD bootet.

2 Warten Sie, bis das Fenster mit den Installationseinstellungen angezeigt wird, und klicken Sie dann im Fenster unten rechts auf *Weiter*.

3 Anstelle von *Jetzt installieren* klicken Sie im nächsten Schritt unten links auf *Computerreparaturoptionen*.

4 Die Systemwiederherstellung ermittelt nun die vorhandenen Windows-Installationen. In der Regel ist es nur eine, die automatisch ausgewählt wird. Ansonsten markieren Sie die Vista-Installation, die Sie reparieren wollen.

5 Anschließend zeigt das Programm Ihnen die Optionen zur Systemwiederherstellung an:

- Bei der *Systemstartreparatur* erkennt ein Assistent Probleme mit den Vista-Startdateien und kann diese auch meist selbst beheben.

- Mit der *Systemwiederherstellung* versetzen Sie den Systemstatus zurück in einen funktionierenden Zustand (siehe S. 143).

- Die *Windows Complete PC-Wiederherstellung* spielt eine image-basierte Komplettsicherung des Systems wieder ein. Diese kann aber nur mit den Vista-Editionen ab der Business-Version erstellt werden.

- Mit dem *Windows-Speicherdiagnosetool* überprüfen Sie den Arbeitsspeicher Ihres PCs auf Defekte.

- Die *Eingabeaufforderung* erlaubt Ihnen direkten Zugriff auf die Festplatten des PCs über eine Kommandozeile. So können Sie Reparaturen vornehmen oder wichtige Daten retten.

Fehlende Vista-Funktionen und -Werkzeuge einfach nachrüsten

Vista wird bereits „ab Werk" mit einer Vielzahl von Komponenten und Funktionen eingerichtet. Deshalb wird es Sie vielleicht überraschen, aber Ihr Vista kann tatsächlich noch einiges mehr. Zugegebenermaßen sind das dann Funktionen, die nicht unbedingt jeder jeden Tag braucht. Aber wenn Sie gerade zu denjenigen zählen, ist es schön, dass sich diese Komponenten leicht nachrüsten lassen. So ist bei Vista beispielsweise im Gegensatz zu Windows XP kein Telnet-Client installiert. Wenn Sie also in der Eingabeaufforderung *telnet* eingeben, erhalten Sie eine Fehlermeldung. Dabei hat Vista durchaus einen Telnet-Client an Bord, nur wird er eben standardmäßig nicht installiert.

1 Klicken Sie in der Systemsteuerung im Modul *Programme* auf *Programme deinstallieren*.

2 Wählen Sie im anschließenden Menü am linken Rand *Windows-Funktionen ein- oder ausschalten*. Warten Sie dann kurz, bis sich das Menü *Windows-Funktionen* mit Inhalt gefüllt hat. Vista überprüft dazu, welche der Optionen bereits installiert ist.

3 Nun können Sie die Liste durchgehen und schauen, welche der Zusatzkomponenten Sie benötigen. Setzen Sie bei dem entsprechenden Listeneintrag einfach ein Häkchen.

4 Haben Sie schließlich Ihre Auswahl an nachträglich zu installierenden bzw. zu deinstallierenden Funktionen getroffen, klicken Sie unten auf *OK*. Vista nimmt dann die Änderungen an seiner Konfiguration vor. Je nach Umfang kann dies bis zu mehreren Minuten

dauern. Einige der nachinstallierten Komponenten laufen eventuell erst nach einem Neustart korrekt.

Mehr Infos zu den einzelnen Funktionen

Wenn Sie den Mauszeiger über einem Eintrag verharren lassen, zeigt das Menü eine nähere Erläuterung zu diesem Eintrag an.

Elegante Problemlösung: Versetzen Sie Ihren PC mit der Systemwiederherstellung zurück in einen störungsfreien Zustand

Wenn Sie nach einer Softwareinstallation oder Änderungen an der Systemkonfiguration Probleme mit Ihrem Vista-System feststellen oder die Änderung vielleicht eine Verschlechterung gebracht hat, können Sie meist schnell zur Konfiguration vor der Einstellungsänderung zurückkehren. Vista legt automatisch regelmäßig Wiederherstellungspunkte an, die Sie bei Bedarf abrufen können.

1 Öffnen Sie in der Systemsteuerung die Kategorie *System und Wartung* und dort das Modul *System*. Klicken Sie hier in der Navigationsleiste am linken Fensterrand auf *Computerschutz*.

2 In der Rubrik *Computerschutz* finden Sie etwa in der Mitte die Schaltfläche *Systemwiederherstellung*, mit der Sie den Assistenten für die Systemwiederherstellung starten.

3 Der empfiehlt Ihnen, mit *Empfohlene Wiederherstellung* den zuletzt angelegten Wiederherstellungspunkt in das System zurückzuspielen. Dazu verrät er, wann und mit welcher Bezeichnung dieser Punkt angelegt wurde. Wollen Sie lieber zu einem früheren Wiederherstellungspunkt zurückkehren, wählen Sie stattdessen die Option *Anderen Wiederherstellungspunkt auswählen*.

4 Hierzu zeigt Ihnen der Assistent die verfügbaren Wiederherstellungspunkte an. Wählen Sie hier einen geeigneten aus. Klicken Sie dann unten auf *Weiter*.

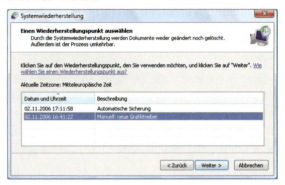

5 Bestätigen Sie die Zusammenfassung und den Warnhinweis bezüglich des folgenden Vorgangs mit *Ja*. Der Assistent kopiert dann die erforderlichen Dateien und setzt die veränderten Systemeinstellungen zurück.

6 Anschließend wird Vista heruntergefahren und neu gestartet, damit die Systemeinstellungen und -dateien beim Hochfahren aktualisiert werden können.

Anschließend befindet Vista sich wieder im selben Zustand wie beim Anlegen des Wiederherstellungspunktes. Dies gilt allerdings nur für die Systemeinstellungen und Dateien. Änderungen an Ihren persönlichen Dateien, die Sie seit dem Anlegen des Sicherungspunktes vorgenommen haben, sind dadurch nicht beeinträchtigt.

Legen Sie vor kritischen Aktionen selbst Wiederherstellungspunkte an

Sie müssen sich nicht darauf verlassen, dass Vista regelmäßig Wiederherstellungspunkte Ihres Systems sichert, sondern können auch eigene Wiederherstellungspunkte anlegen. Das empfiehlt sich

z. B., bevor Sie eine neue Hardware einbauen oder zum ersten Mal anschließen bzw. die Treibersoftware dafür installieren. Klicken Sie dazu in der Rubrik *Computerschutz* unten rechts auf die Schaltfläche *Erstellen*. Geben Sie eine beliebige Bezeichnung für den Wiederherstellungspunkt ein. Der Assistent sammelt dann die Daten für den Wiederherstellungspunkt ein und sichert diese. Der Sicherungspunkt ist nun gespeichert und bleibt Ihnen vorläufig erhalten. Er wird allerdings nach einiger Zeit gelöscht, um für neue – manuell oder automatisch erstellte – Wiederherstellungspunkte Platz zu machen.

Alternativer Spyware-Schutz bevorzugt? – So deaktivieren Sie den Windows Defender

Sie trauen Microsoft beim Kampf gegen Spyware und Trojaner nicht so recht über den Weg und bevorzugen ein alternatives Antispyware-Programm. In diesem Fall können und sollten Sie den Windows Defender deaktivieren. So vermeiden Sie Doppel- und Fehlalarme und ersparen sich die regelmäßigen Downloads der Defender-Updates.

Administratoroptionen

☐ Windows-Defender verwenden

Wenn Windows Defender aktiviert ist, werden alle Benutzer gewarnt, wenn Spyware oder potenziell unerwünschte Software auf dem Computer ausgeführt oder installiert wird. Windows Defender sucht dann nach neuen Definitionen, überprüft regelmäßig den Computer und entfernt bei der Überprüfung gefundene schädliche Software automatisch.

Wechseln Sie dazu im Hauptfenster des Windows Defender in die Rubrik *Extras* und öffnen Sie die *Optionen*. In den Einstellungen finden Sie ganz unten den Bereich *Administratoroptionen*. Schalten Sie hier die Option *Windows-Defender verwenden* aus. Klicken Sie dann auf *Speichern*.

Da der Windows Defender vom Vista-Sicherheitscenter überwacht wird, meldet sich dieses  gleich im Anschluss mit dem Hinweis, dass die Sicherheit Ihres Computers möglicherweise gefährdet sei.

Um das zu ändern, öffnen Sie mit einem Klick darauf das Sicherheitscenter. Klicken Sie hier unten bei *Schutz vor Spyware und anderer schädlicher Software* auf die Schaltfläche *Verfügbare Optionen*  *anzeigen*. Klicken Sie im anschließenden Dialog ganz unten auf *Ich verfüge über ein Antispywareprogramm und überwache es selbst*. Damit lassen Sie den Spyware-Schutz nicht mehr durch das Sicherheitscenter überwachen und ab sofort unterbleibt der Warnhinweis auf den deaktivierten Windows Defender.

Vergessene Passwörter durch eine Kennwortrücksetzdiskette vermeiden

Leider geht mit Passwörtern immer das Risiko einher, sie zu vergessen. Um dieses Problem zu lösen, bringt Vista einen Schutzmechanismus mit, der das Ausschließen aus dem System wegen eines vergessenen Passworts verhindert. Hierzu können Sie eine Kennwortrücksetzdiskette erstellen, die sozusagen einen Nachschlüssel zu Ihrem Benutzerkonto enthält. An einem sicheren Ort aufbewahrt, dient diese Diskette als Notfallmaßnahme für den Fall des Falles.

Eine Kennwortrücksetzdiskette erstellen

Wann immer Sie ein Benutzerkonto eingerichtet haben und dieses sein endgültiges Kennwort zugeteilt bekommen hat, sollten Sie eine Kennwortrücksetzdiskette erstellen.

1 Öffnen Sie in der *Systemsteuerung* den Bereich *Benutzerkonten und Jugendschutz* und darin die *Benutzerkonten*.

2 Klicken Sie dort in der Aufgabenliste am linken Rand auf *Kennwortrücksetzdiskette erstellen*.

3 Wählen Sie – soweit erforderlich – das Diskettenlaufwerk aus und legen Sie eine leere Diskette ein.

4 Tippen Sie dann Ihr *Aktuelles Benutzerkennwort* ein und klicken Sie auf *Weiter*.

5 Der Assistent sichert dann die Rücksetzinformationen auf der Diskette. Verwahren Sie diesen Datenträger an einem geschützten Ort, wo er vor Beschädigungen und dem Zugriff Unberechtigter sicher ist.

Das Kennwort mithilfe der Diskette zurücksetzen

Sollten Sie Ihr Passwort tatsächlich vergessen haben, können Sie auf die Diskette zurückgreifen und sich so wieder Zugang zu Ihrem Benutzerkonto verschaffen:

1 Starten Sie Vista und wählen Sie auf dem Anmeldebildschirm wie üblich Ihren Benutzernamen aus. Tippen Sie als Kennwort einen beliebigen – falschen – Text ein.

2 Vista beschwert sich über das falsche Kennwort. Klicken Sie auf *OK*, um diesen Hinweis zu bestätigen.

3 Zurück im Anmeldefenster können Sie nun das Kennwort mit der vorbereiteten Diskette zurücksetzen. Legen Sie dazu die Diskette ein und klicken Sie auf *Kennwort zurücksetzen*.

4 Damit starten Sie wiederum einen Assistenten, dem Sie ggf. zunächst das Laufwerk mit der Rücksetzdiskette angeben.

5 Wählen Sie nun ein neues Kennwort sowie einen neuen Kennworthinweis aus. Der Assistent überprüft dann die Diskette und ändert die Kontodaten entsprechend. Das neue Kennwort gilt ab sofort für dieses Benutzerkonto.

Voller Zugriff wie bei Windows XP: die Benutzerkontensteuerung ganz deaktivieren

Wenn Sie oder Ihre Software mit der Benutzerkontensteuerung von Vista nicht klarkommen, können Sie diese Funktion deaktivieren. Vista verhält sich dann in dieser Hinsicht wieder genau wie Windows XP und

Sie haben als Administrator ungehinderten Zugriff. Beachten Sie dabei aber, dass die Benutzerkontensteuerung von Windows Vista zwar etwas Komfort kostet, dafür aber einen erheblichen Sicherheitsgewinn bringt, der nicht leichtfertig aufs Spiel gesetzt werden sollte.

1. Rufen Sie in der Systemsteuerung im Bereich *Benutzerkonten und Jugendschutz* das Modul *Benutzerkonten* auf.

2 Wählen Sie hier in der Übersicht ganz unten *Benutzerkontensteuerung ein- oder ausschalten*.

3 Bestätigen Sie den Vorgang (ein letztes Mal) mit *Fortsetzen*.

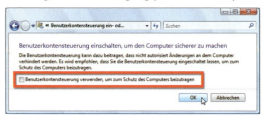

4 Deaktivieren Sie im anschließenden Dialog die Option *Benutzerkontensteuerung verwenden, um zum Schutz des Computers beizutragen* und klicken Sie unten auf *OK*. Anschließend müssen Sie den PC neu starten, um die Änderung wirksam werden zu lassen.

Automatische Aktualisierung auf Bestellung: Windows Update immer zu einem bestimmten Zeitpunkt durchführen

Regelmäßige Updates sind auch bei Vista sinnvoll, damit neu entdeckte Sicherheitslücken so schnell wie möglich geschlossen werden können. Die Update-Funktion arbeitet relativ unauffällig und kostet kaum spürbar Rechner- und Netzwerkperformance. Optimal wäre es aber, wenn die Updates heruntergeladen und installiert würden, wenn der PC eingeschaltet ist, aber gerade nicht benutzt wird. Gibt es einen solchen regelmäßigen Zeitpunkt (z. B. während der täglichen Mittagspause), können Sie Windows Update dann automatisch aktiv werden lassen:

1 Öffnen Sie in der Systemsteuerung das Modul *Windows Update*. Klicken Sie im anschließenden Menü am linken Rand auf *Einstellungen ändern*.

Windows Update

2 Wählen Sie in den Einstellungen die Option *Updates automatisch installieren*, sofern sie nicht ohnehin aktiviert ist.

3 Nun können Sie in den beiden Auswahlfeldern darunter einen Wochentag (bzw. *Täglich*) und eine Uhrzeit auswählen. Windows Update wird zu diesem Zeitpunkt automatisch aktiv und überprüft, ob neue Patches vorliegen. Ist dies der Fall, werden sie automatisch heruntergeladen und installiert.

Microsoft-Patches kommen meist dienstags

Microsoft hat seit einiger Zeit den Patch-Dienstag eingerichtet: Updates werden gesammelt und jeweils am zweiten Dienstag eines Monats bereitgestellt. Allerdings kann es in dringenden Fällen auch häufigere Updates geben. Ein täglicher Check lohnt sich also durchaus. Wenn es nichts zum Download gibt, dauert die Anfrage auch nur wenige Sekunden.

Auf Nummer sicher: Dateidownloads mit dem Windows Defender überprüfen

Beim Herunterladen von Dateien aus unklaren Quellen kann der PC schnell mit Trojanern oder Spyware verseucht werden. Das sollte der Windows Defender verhindern, aber nach jedem Download einen Komplettscan zu machen, ist keine sinnvolle Lösung. Sie können aber auch nur einen kleinen Teil des Dateisystems (also z. B. einen bestimmten Ordner) überprüfen lassen. Das dauert nur wenige Sekunden und Sie haben die Sicherheit, keine Malware auf Ihren PC zu laden.

1 Speichern Sie die heruntergeladene(n) Datei(en) in einen bestimmten Ordner. Sie könnten z. B. extra einen Download-Ordner für diesen Zweck anlegen.

2 Starten Sie den Windows Defender und wählen Sie im Untermenü der *Überprüfung*-Schaltfläche den Punkt *Benutzer-*  *definierte Überprüfung*. Und klicken Sie im anschließenden Dialog rechts auf die *Auswählen*-Schaltfläche.

3 Damit öffnen Sie einen Auswahldialog, in dem Sie ähnlich wie im Windows-Explorer zum gewünschten Ordner navigieren können. Setzen Sie dort ein Häkchen. Auf diese Weise können Sie ggf. auch mehrere Ordner in einem oder ver-  schiedenen Laufwerken auswählen. Klicken Sie dann auf *OK*, um zurück ins Hauptfenster des Windows Defender zu gelangen.

4 Klicken Sie hier auf die Schaltfläche *Jetzt überprüfen*, um die Überprüfung zu starten. Ab hier läuft der Scan wie üblich, nur dass der Windows Defender sich auf den oder die ausgewählten  Ordner beschränkt und dementsprechend schnell fertig ist.

Nervige Fehlalarme beim Windows Defender vermeiden

Der Echtzeitwächter des Windows Defender überwacht bestimmte Systemeinstellungen, die typischerweise von Spyware attackiert werden. Das heißt aber nicht, dass jede Änderung an diesen Einstellungen auch tatsächlich von Spyware durchgeführt wird.

Die Hinweise durch den Windows Defender reduzieren

Mit den beiden separaten Optionen unterhalb der Echtzeitwächter-Komponenten können Sie das Verhalten des Windows Defender bei einem Verdacht steuern. Um die Anzahl der Meldungen zu reduzieren, sollten Sie die Option *Änderungen am Computer durch Software, die nicht ausgeführt werden darf* deaktivieren. Die Option *Software, deren Risiko noch nicht eingestuft wurde* ist für Hinweismeldungen bei unauthorisierten Änderungen zuständig. Wenn Sie diese Option deaktivieren, gibt es zwar keinen Alarm mehr, aber der Defender unterbindet dann kommentarlos Aktionen, auch wenn diese erwünscht sind. Das kann dazu führen, dass ein Programm scheinbar nicht funktioniert und die Ursache des Fehlers nur schwer zu finden ist. Deshalb sollte diese Option eingeschaltet bleiben.

Der Defender kann nämlich nicht unterscheiden, ob eine neue Einstellung manuell vom Benutzer oder automatisch von einem Programm vorgenommen wurde. Das kann dazu führen, dass der Echtzeitwächter sich regelmäßig zu Unrecht über bestimmte Änderungen beschwert. Durch Abschalten einzelner Komponenten des Echtzeitwächters können Sie solche Fehlalarme vermeiden.

1 Wechseln Sie im Hauptfenster des Windows Defender in die Rubrik *Extras* und öffnen Sie dort die *Optionen*.

2 Suchen Sie in den Einstellungen den Bereich *Echtzeitschutz-Optionen*.

3 Darin finden Sie eine Liste mit den verschiedenen Komponenten des Echtzeitschutzes. Die Bezeichnungen sind meist selbsterklärend. Außerdem wird bei jedem Alarm die Komponente mitgeteilt, die ihn verursacht hat. So wissen Sie, welche Option ggf. deaktiviert werden muss.

4 Klicken Sie schließlich unten rechts auf *Speichern*, um die gewählten Einstellungen dauerhaft zu übernehmen.

Schalten Sie Ihren Anwendungen den Onlinezugang frei

Die Windows-Firewall blockiert Programme, die vom PC aus Daten ins Internet übertragen wollen. Schließlich könnte es sich dabei ja um Trojaner oder andere schwarze Schafe handeln. Nimmt ein Programm Kontakt mit dem Internet auf, vergleicht die Windows-Firewall dieses mit seiner internen Liste und wird aktiv, wenn das Programm dort nicht verzeichnet oder gar gesperrt ist. Deshalb müssen Sie Windows beibringen, Ihre Internetanwendungen zu akzeptieren.

Will ein Programm auf das Internet zugreifen, das die Windows-Firewall bislang nicht in der internen Liste verzeichnet hat, zeigt Vista einen Hinweis an. Haben Sie dieses Programm selbst aufgerufen und wollen es online benutzen, wählen

Sie die Option *Nicht mehr blocken*. Wurde das Programm versehentlich gestartet, handelt es sich um ein Programm, das gar keine Internetfunktionen haben sollte, oder haben Sie vielleicht gar kein Programm gestartet, dann wählen Sie die Option *Weiterhin blocken*. Damit wird dieses Programm auf die rote Liste gesetzt.

Die Zugangserlaubnis für ein Internetprogramm zurückziehen

Wenn Sie ein Internetprogramm auf Rückfrage für den Zugriff auf das Internet zugelassen haben, fragt Windows nicht mehr nach, sondern startet das Programm immer sofort. Das liegt daran, dass die Windows-Firewall alle Programme, denen Sie den Zugriff einmal erlaubt haben, in einer Liste speichert, um wiederholte Nachfragen zu vermeiden. Sie können ein Programm aber wieder aus dieser Liste streichen. Öffnen Sie dazu in der Systemsteuerung das Modul *Windows-Firewall* und wechseln Sie dort in die Rubrik *Ausnahmen*. Hier finden Sie in der Liste *Programm oder Port* einen Eintrag mit dem Namen des Programms. Wählen Sie diesen aus und klicken Sie darunter auf die Schaltfläche *Löschen*. Beim nächsten Start dieser Anwendung fragt die Windows-Firewall wieder nach und Sie können das Programm nun z. B. dauerhaft für den Internetzugang sperren.

Stichwortverzeichnis

A

Administrator ohne
  Rückfrage 138
Aero 34, 72
Anmeldung, automatisch.............41
Anwendungen
  Als Administrator ausführen 74
  Desktop-Probleme 72
  Kompatibilitätsmodus..............73
  Kompatibilitätsprobleme 71
  mit hoher Priorität 44
  reparieren................................76
Anzeigefilter................................91
Arbeitsspeicher per USB-Stick
  erweitern 28
Aufwärts-Schaltfläche 85
Auslagerungsspeicher................35
Automatisch anmelden...............41
Automatische Bildgrößen-
  anpassung 115
Autostartprogramme.................40

B

Benutzerkonten
  automatisch anmelden..............41
  transferieren............................ 23
Benutzerkontensteuerung ..74, 137
Benutzerkontensteuerung
  deaktivieren 148
Bilder im IE 114
Bildgrößenanpassung................114
Bildschirmschoner 56, 58
Bootmanager..............................13

C

CDs brennen 93
ClearType................................. 115
CSV-Format 21

D

Darstellungsoptionen 58
Dateien
  aufräumen 97
  ausblenden............................. 90
  Detailbereich 83
  Detailinformationen
    entfernen...............................81
  Filtern 90
  freigeben 131
  per Häkchen markieren............ 86
  stapeln 88
Dateifilter.................................. 90
Dateiinformationen.....................81
Dateisuche
  Suchindex............................... 96
  weitere Ordner indizieren 95
Desktop
  Effekte 58
  Effekte reduzieren 32
  klassische Darstellungs-
    optionen................................ 58
  Tastenkombinationen...............61
Detailbereich 83
DHCP 130
Diagnose................................. 106
Diashow als Bildschirmschoner .. 58
Dienste deaktivieren................. 38

DirectX 77
Drahtlosnetzwerkliste 101
Druckdienste 39
DSL-Flatrate 100
DVDs brennen 93
DxDiag 77

E

E-Mail-Konten transferieren 17
Effekte reduzieren 33
Eingabeaufforderung 141
Einwahl bei Leerlauf
    trennen 100
Energieoptionen 27, 46
Energiespareinstellungen 46
Energie sparen 26
Energiesparmodus 56
Energiesparplan 46
Erweiterte Energieein-
    stellungen 46

F

Favoriten
    Favoritenleiste 121
    Registerkarten 112
    transferieren 21
Fehlalarm vermeiden 152
Fenstertransparenz 31
Filter 90
Freigaben 131
Freigaben verstecken 134
Funktionen deaktivieren 38
Funktionen nachrüsten 141

G

Gadgets
    beliebig platzieren 54
    immer im Vordergrund 54
    Tastenkombinationen 63
    werden nicht angezeigt 56
Gamecontroller 78
Geräte-Manager
    Treiber reaktivieren 68
    USB-Stromversorgung 70
    versteckte Geräte anzeigen 66

H

Hardware
    Gamecontroller 78
    Geräte-Manager 66
    IRQ 67
    Joystick 78
    Konflikte 67
    Ressourcenkonflikte 67
    Treiber 64
    Treiber per Windows Update ... 69
    Treiber reaktivieren 68
    Treiberzertifikat 65
    USB-Stromversorgung 70
Herunterfahren 47
Hintergrundbilder 120
Hinweise reduzieren 137
Hotspots 103

I

Infobereich
    Uhrzeit 52
    Zeitzonen anzeigen 52
Installation 11
Internetdruckclient 39

Internetdruckclient 39
Internet Explorer
 automatische Bildgrößen-
  anpassung 115
 Bilder vergrößern 114
 ClearType 115
 Favoriten für Registerkarten.... 112
 Favoritenleiste 121
 Favoriten transferieren 22
 Kantenglättung 115
 Menüleiste 108
 Phishingfilter 117
 Register beim Start
  wiederherstellen 114
 Registerkarten-Favoriten 112
 Suchdienste 110
 Tastenkombinationen 127
 Webfeeds 119
 Webseiten drucken 120
 weiche Schriften 115
Internetverbindung trennen 100
IRQ 67

J

Joystick 78
Junk-E-Mail-Filter 125

K

Kantenglättung 115
Kennworteingabe 56
Kennwortrücksetzdiskette 147
Klassische Freigabe 133
Klassische Menüleiste 84, 108
Kompatibilitätsmodus 73
Kompatibilitätsprobleme 71
Konflikte 67
Kontakte 19

L

Lautstärkeregelung 79
Leerlauf 100
Leistungsbewertung 30
Leser 133

M

Mastered-Format 93
Menüleiste 108
Menüleiste einblenden 84
Mitbesitzer 133
Mitwirkender 133
Mobile PCs, Akkulaufzeit 105
msconfig 40

N

Navigationsbereich 96
Netzschalter 47
Netzverbindung
 zurücksetzen 129
Netzwerk
 Diagnose 106
 Freigaben verstecken 134
 Ordnerfreigaben 131
 SSID 103
 Verbindung zurücksetzen 129
Netzwerk- und
 Freigabecenter 104, 131
Netzwerkliste 101
Netzwerksymbol 105
Newskonten 19
Notebook, Akkulaufzeit 105

O

Öffentliche Netze 103
Onlineanwendungen
 freischalten 153

Optionale TabletPC-
  Komponenten........................... 39
Ordner
  Freigaben verstecken 134
  im Netzwerk freigeben 132
Outlook Express
  Daten übernehmen 15
  E-Mail-Konten 17
  Nachrichten sichern 15

P

Parallelinstallation 11
Passworteingabe 56
Patches 150
PC herunterfahren 46
Performance optimieren............. 30
Phishingfilter, manuell 117
Priorität 44
Privatsphäre
  Dateiinformationen
    entfernen................................81
Programme
  als Administrator ausführen 74
  Desktop-Probleme 72
  fürs Internet freischalten.........153
  im Startmenü 49
  Kompatibilitätsmodus.............. 73
  Kompatibilitätsprobleme 71
  mit hoher Priorität 44
  reparieren................................76

R

ReadyBoost 28
Recovery Environment................140
Registerkarten
  als Favoriten 112
  beim Start wiederherstellen.... 114

Registry automatisch
  anmelden 41
Remoteunterschieds-
  komprimierung......................... 39
Ressourcenkonflikte auflösen......67
Ruhezustand...............................27

S

Schriften im IE nicht glätten 115
Sicherheitscenter............. 139, 146
Sicherheitshinweise
  reduzieren 137
Sidebar
  Gadgets beliebig platzieren 54
  Tastenkombinationen.............. 63
Software
  als Administrator ausführen 74
  Desktop-Probleme 72
  Kompatibilitätsmodus.............. 73
  Kompatibilitätsprobleme 71
  mit hoher Priorität 44
  reparieren................................76
Speicherdiagnosetool 141
Speichererweiterung............28, 36
Sprachsteuerung........................ 60
SSID 103
Stand-by-Modus........................ 26
Standard-E-Mail-Programm........126
Standardbenutzer ohne
  Rückfragen 139
Standardbetriebssystem 14
Stapeln..................................... 88
Start-Manager........................... 13
Starthilfe...................................140
Startmenü
  Dateinamen eingeben 50
  Programme andocken.............. 49